Tercera edición
Copyright © 2003
Editorial Norma S.A.
Apartado 195040, San Juan, Puerto Rico 00919-5040
Carr. 869 Km. 1.5
Royald Ind. Park, Bo. Palmas Cataño
Puerto Rico
Teléfonos: (787) 788 5050 y (787) 788 6010 - Fax: (787) 788 -7161

Prohibida la reproducción total o parcial de este libro,
por cualquier medio, sin permiso escrito de la Editorial.
Impreso por Editora Géminis Ltda.
Cra. 37 No. 12-42 Bogotá D.C.
Abril de 2004
Impreso en Colombia - Printed in Colombia

Coordinadora editorial, Elaine Berríos Martínez
Editora, Ana Guzmán Seijo
Asistentes editoriales, Liznel Rodríguez, Rosa Feliciano
Correctora Lingüística, Eileen A. Quiñones
Dirección de arte, Carlos López Angleró
Diseño, Catalina García García,
Mariroan Sellés Ramírez, María del Rosario Peña B.
Diseño pedagógico de portadillas, María del Rosario Peña B.
Diagramación, Mariroan Sellés Ramírez, Catalina García García
Diseño de Cubierta, María del Rosario Peña B., Zulma Feo
Ilustración de cubierta, Carlos Manuel Díaz Consuegra
Coordinación de ilustración, María del Rosario Peña B.
Ilustradores, Antonio Javier Caparó S., Miguel Martínez, Elias Taffur Miranda,
Carlos Manuel Díaz Consuegra, Yein Barreto, Marcela Morales
Fotografos, Moira Carroll, Arturo Ferrer, Félix Zayas,
Archivo gráfico de Norma

ISBN de la serie: 958-04-4035-2
ISBN del libro: 958-04-7093-6

CONOCE TU LIBRO

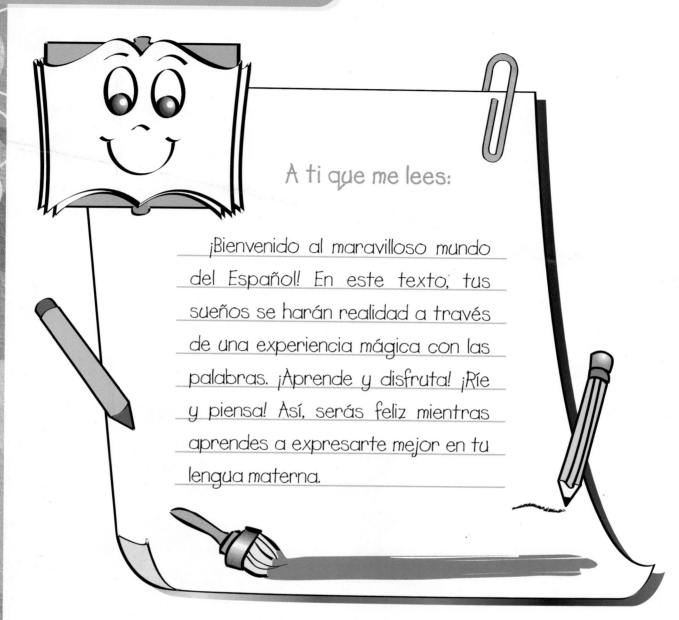

A ti que me lees:

¡Bienvenido al maravilloso mundo del Español! En este texto, tus sueños se harán realidad a través de una experiencia mágica con las palabras. ¡Aprende y disfruta! ¡Ríe y piensa! Así, serás feliz mientras aprendes a expresarte mejor en tu lengua materna.

EXPLORACIÓN

En esta sección, conversarás y contestarás preguntas sobre una ilustración; así te prepararás para la lectura.

RINCÓN DE LECTURA

Aquí leerás poemas, cuentos y otros escritos interesantes. Además, aprenderás qué es la comunicación y conocerás distintas maneras de presentar el lenguaje, tales como la narración, la descripción y la exposición. También aprenderás qué son las obras de teatro, las fábulas, los cuentos y los poemas líricos.

Sueños y palabras

3

Serie de Español para la Escuela Elemental

**Dra. Dámaris Mercado Martínez,
Marisol Cuevas Del Valle, Dr. Dwight García**

GRUPO
EDITORIAL
norma

IMÁGENES

Aquí, conversarás y contestarás preguntas sobre imágenes y señales de diversas clases.

SONIDOS

En esta sección, desarrollarás destrezas de comunicación y expresión oral que te ayudarán a convertirte en un mejor hablante y oyente.

PALABRAS... Y MÁS

Gracias a esta sección:

◆ aumentarás tu vocabulario;

◆ aprenderás a expresarte por escrito, practicando la escritura y la redacción de oraciones y párrafos;

◆ aprenderás qué son las oraciones, sus partes y los distintos tipos de palabras para evitar errores comunes al comunicarte.

◆ aprenderás cuándo se usan los signos de puntuación, cómo se acentúan las palabras, y cuáles son las reglas de uso de las letras que se pueden confundir.

PARA ESTUDIAR...

En esta página, trabajarás con actividades que te ayudarán a estudiar de manera más fácil y efectiva.

REPASO

Esta sección, al final de las unidades 3, 6, 9 y 12, te ayudará a recordar lo que has aprendido en la sección de *Palabras... y más*.

PROYECTO

Encontrarás esta sección después de cada *Repaso*. Aquí, mediante proyectos, manualidades y otras actividades, podrás desarrollar tu creatividad y la destreza de trabajo en equipo.

CONTENIDO

CONTENIDO

1

¡VOLVEMOS A LA ESCUELA!

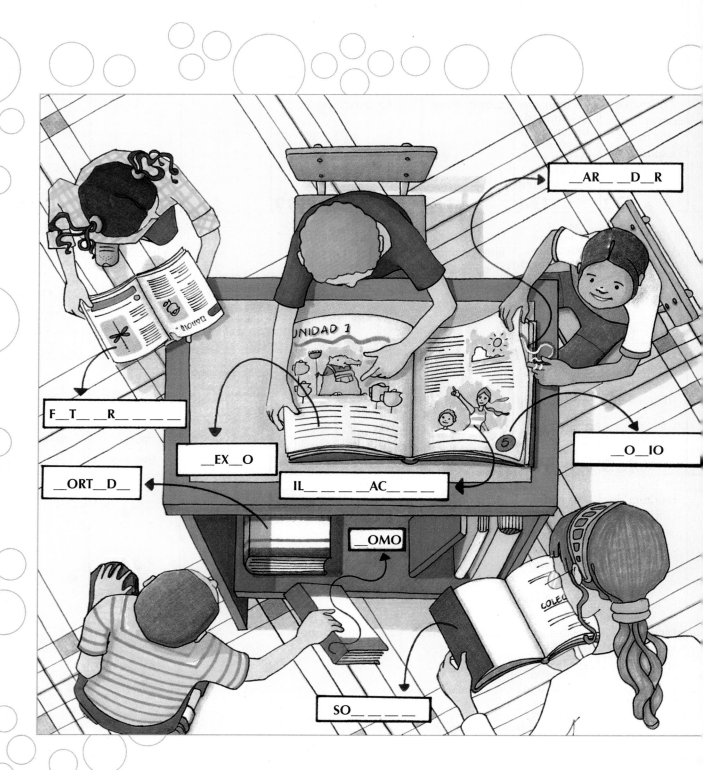

EXPLORACIÓN

En su primer día de clases, estos niños y su maestra quieren que conozcas las partes del libro. También te van a enseñar a cuidarlo.

1. **Fíjate en los detalles de cada uno de los libros que tienen la maestra y los niños en la ilustración de la izquierda.**
2. **Sigue la flecha y completa el nombre de cada parte del libro.**
3. **Ahora, mira las ilustraciones de la derecha y di:**
   - ¿Cuál es la forma correcta de marcar la página de un libro? ¿Por qué?
   - ¿Cuál es la forma correcta de coger un libro? ¿Por qué?

En el poema que vas a leer, un niño nos cuenta cómo se siente al volver a la escuela. ¿Cómo te sientes tú? ¿Sabes por qué es importante ir a la escuela? **Lee y lo sabrás.**

Literatura

Regreso a la escuela

¡Qué alegría tan grande
es volver a mi escuela!
Me siento como el ave
que a su nido regresa.

He visto a mis amigos
y a la buena maestra
que, en el pasado año,
me guió con **paciencia**
por el claro camino
de las primeras letras.

Contento he saludado
a mi nueva maestra
y a otros amiguitos
que, en esta nueva **senda**,
caminarán conmigo
hacia luces de **ciencia**.

Aprenderé mil cosas.
Llenaré las libretas.
Leeré cuentos y **fábulas**.
Pensaré en cosas bellas.

¡Qué alegría yo siento
al volver a mi escuela!

Gladys Pagán de Soto
(puertorriqueña)

paciencia: calma, tranquilidad.
senda: camino.
ciencia: conocimiento.
fábulas: relatos imaginarios que tienen una enseñanza.

1 Subraya la mejor contestación. Sigue el ejemplo.

◆ El niño se siente:

    cansado.   triste.   <u>feliz</u>.

◆ En la escuela, el niño se siente como un ave que:

    regresa a su nido.   puede volar.   canta en un árbol.

◆ ¿A quiénes vio el niño en la escuela?

    padres y amigos   amigos y maestra   amigos y a las aves

◆ ¿Qué le enseñó la maestra del año pasado al niño?

    las matemáticas   a cantar y a bailar   las primeras letras

◆ Según la autora, en la escuela, el niño y sus amigos caminarán:

    hasta cansarse.   hacia las luces de ciencia.   por sendas del campo.

◆ La escuela es el lugar donde un niño puede:

    jugar y divertirse.   aprender y leer cuentos.   hacer nuevos amigos.

◆ ¿Quién cuenta la historia del poema?

    una maestra   un niño   un ave

2 Traza una línea y une cada oración con la ilustración que le corresponde.

◆ Vuelvo a la escuela como un ave que regresa a su nido.

◆ Muy contento saludo a mis amigos del salón.

◆ En la escuela aprendemos muchas cosas.

◆ Yo me siento alegre al volver a mi escuela.

◆ Saludo a la maestra que con paciencia me enseñó el año pasado.

Comprensión de lectura: identificar detalles, inferir, establecer relaciones

Las personas enviamos y recibimos mensajes en todo momento. Eso es lo que se conoce como **comunicación**. Nos comunicamos a través del lenguaje oral o escrito.

Cuando hablamos unos con otros, usamos el lenguaje oral. En las canciones, películas, programas de radio y televisión, también se usa el lenguaje oral.

En el lenguaje oral, nos comunicamos por distintos motivos:

◆ decir cómo nos sentimos:

¡Qué alegre estoy de volver a la escuela!

◆ preguntar algo:

¿Dónde está el salón de tercer grado?

◆ pedirle a alguien que haga algo:

Por favor, ayúdame con los libros.

◆ contar lo que pasó:

Pasé el verano en la playa junto a mis primos.

◆ entretenernos o divertirnos:

Cuando jugamos, cantamos, hacemos chistes o leemos un poema, nos entretenemos.

El lenguaje escrito se usa en los mensajes que nos dan información, expresan sentimientos o nos entretienen. ¿Puedes identificar cuál es cuál?

Teoría literaria: reconocer funciones y propósitos de la comunicación

Además del lenguaje oral o escrito, usamos otros mensajes para comunicarnos. Algunos de esos mensajes son gestos que hacemos con la cara, los brazos y con otras partes del cuerpo. ¿Puedes decir qué significan estos gestos?

Otras veces, transmitimos mensajes con gestos de la cara. ¿Cómo se sienten estos niños y niñas?

Los letreros y las etiquetas también transmiten mensajes. ¿Qué significan éstos?

Del mismo modo, ciertos sonidos pueden comunicarnos algo. ¿Puedes decir qué significan estos sonidos?

Análisis de imágenes visuales y expresión oral: reconocer tipos de mensajes, contestar preguntas

1 Una de las muchas cosas que has aprendido en la escuela es que las palabras se dividen en sílabas. ¿Recuerdas? Lee en voz alta las siguientes palabras. Divídelas y escribe el número de sílabas que tiene cada una. Sigue el ejemplo.

◆ escuela ___es-cue-la (3)___   ◆ letras _____

◆ saludado _____   ◆ estudiábamos _____

2 Pronuncia en voz alta los nombres de estos objetos. Luego, escríbelos dividiendo las palabras en sílabas. Usa el espacio en blanco.

_____   _____   _____

En estas palabras, hay dos consonantes que se separan. Observa cómo.

ves-ti-do   **es-cue-la**   **res-pon-dió**

3 Aplica esa regla y divide en sílabas estas palabras.

◆ esconder _____   ◆ estábamos _____

◆ asustada _____   ◆ busca _____

¿Qué pasa cuando hay dos consonantes juntas, y la segunda de ellas es una *l* o una *r*? Fíjate en estos ejemplos.

ha-**bl**ar   que-**br**a-da   ma-es-**tr**a   om-**bl**i-go

4 Ahora, usa esa regla para dividir estas palabras en sílabas.

◆ nosotros _____   ◆ cable _____

◆ regresa _____   ◆ letras _____

5 Divide estas palabras en sílabas. Recuerda que la *ch*, la *ll* y la *rr* no se separan.

◆ leche _____   ◆ carrera _____

◆ sombrilla _____   ◆ tierra _____

Discriminación auditiva y expresión oral: reconocer grupos silábicos, dividir palabras en sílabas

Lenguaje

¿Cómo se sienten los niños y las niñas cuando van a la escuela? Se sienten felices porque van a seguir aprendiendo cosas nuevas. Aprender es importante. **Fíjate en estas palabras que también nos dicen cómo son las personas, los animales y las cosas.**

venenosa

hermosa

gracioso

En las palabras *venenosa*, *hermosa* y *gracioso*, hay unas terminaciones *-osa* y *-oso*, que se usan en palabras que nos dicen cómo son las personas y las cosas.

1 **Observa** las ilustraciones y **subraya** la palabra que mejor nos dice cómo es la persona u objeto.

jugosa
chistosa
ruidosa

bondadosa
cariñosa
rabiosa

apestosa
dolorosa
olorosa

2 **Marca**, con una **X**, la palabra que nos dice cómo podrían estar o cómo se sienten estas personas.

tembloroso ☐

lloroso ☐

curioso ☐

miedosa ☐

furiosa ☐

cosquillosa ☐

Vocabulario: reconocer claves estructurales, las terminaciones *-osa* y *-oso*

Imagínate que tu mejor amiga cumple años o que tu mejor amigo está enfermo. ¿Cómo crees que se siente? ¿Y tú, cómo te sientes? ¿Qué quisieras decirle?

A veces, pensamos que la única forma de expresar lo que sentimos es con un regalo. Sin embargo, también podemos mostrar nuestros sentimientos con palabras, como en los poemas y en las canciones. ¡Es muy fácil!

1 **Piensa** primero en alguien a quien quieras enviarle el mensaje. Puede ser uno de tus padres, un pariente, algún amigo o amiga. **Escribe** su nombre.

_____

2 **Piensa** por qué quieres escribirle a esa persona.

◆ Puede ser para _recordarle que la quieres mucho._

◆ Puede ser para _felicitarla._

◆ También puedes escribirle para _darle las gracias_ por un regalo, por un favor, ¡o por todo lo que la persona ha hecho por ti!

3 **Indica,** ahora, por qué vas a escribir. Puedes escoger una de las ocasiones que mencionamos. ¡O inventa tu propia ocasión!

_____

_____

_____

Redacción: identificar receptor y propósito comunicativo

4 Piensa **cómo es esa persona y qué sientes hacia ella.** Exprésalo **en varias frases u oraciones.**

_____

_____

_____

_____

_____

5 Fíjate **cómo quedó este mensaje.**

12 de agosto de 2003

Querido Luis:

Eres muy bueno conmigo. ¡Siempre me prestas tus juguetes! Digo, casi siempre. Eres simpático, juguetón y cariñoso. Por eso te quiero tanto.

Cariños de tu hermana,
Elvira

6 Escoge **algunas de las frases o palabras que has escrito en los ejercicios anteriores, y** ordénalas. **¡Y ya tienes tu mensaje!**

_____

_____

_____

_____

Redacción: escribir mensajes expresivos

Cuando salió de la escuela, María fue a casa de su amiga Adriana, quien había faltado a clases, pero no la encontró. ¿Qué hizo entonces?

María le dejó este mensaje a su amiga:

Querida Adriana:

Me hiciste falta en la escuela. Mañana es la excursión al faro de Las Cabezas de San Juan. Saldremos a las ocho en punto. ¿Vas a ir? Si quieres, puedo recogerte por la mañana camino a la escuela. Pasa por casa. ¡Todavía tenemos el teléfono dañado!

Un beso,
María

¡Pero mira lo que pasó!

¿Crees que Adriana entendió el mensaje de María? ¿Por qué?

Adriana no pudo entender el mensaje porque lo recibió incompleto. Las Cabezas de San Juan es sólo una **frase**.

 Frase: grupo de palabras que no tienen un significado completo.

Gramática: distinguir entre frases y oraciones

Para comunicarnos efectivamente, necesitamos expresarnos en **oraciones**.

 Oraciones: grupos de palabras que tienen un mensaje completo.

Éstas **NO** son oraciones.

◆ A su nido
◆ Vuelta a la escuela

◆ Mi nueva maestra
◆ En el pasado año escolar

Éstas **SÍ** son oraciones. **Observa que tienen sentido completo.**

◆ El niño saludó a la maestra.
◆ El niño se alegró de volver a la escuela.

◆ Los niños juegan en el patio.
◆ Yo vi a los niños y a la maestra ayer.

Con las oraciones, podemos expresar sentimientos como: alegría, tristeza, coraje y sorpresa, entre otros.

¡Qué alegre estoy!

Con las oraciones podemos preguntar o pedir que se haga algo:

¿Qué aprendiste hoy en la escuela?

Ven, vamos a jugar.

Usamos oraciones para decir cómo son las personas y las cosas.

El niño estaba feliz de ver a su maestra.

Las oraciones también se pueden usar para contar historias o cuentos.

Les contaré la historia de un ave.

Gramática: distinguir entre frases y oraciones, reconocer clases de oraciones

1 **Lee** con cuidado estos grupos de palabras. **Marca,** con una **X,** los que tienen sentido completo.

_____ La excursión fue un éxito.   _____ La escuela grande.

_____ Otros amigos del niño.   _____ La maestra escribió en la pizarra.

2 ¿Cuáles de estas oraciones son preguntas? **Subráyalas.**

- ¿Cómo se sentía el niño?
- ¡Uy, qué sucio está mi bulto!
- Los niños están en la escuela.
- ¿Te gustó regresar a la escuela?
- ¿Qué cosas se leen en la escuela?
- No sé si podré ir a jugar hoy.

3 **Escribe** una **X** al lado de las oraciones que expresan alegría, tristeza o sorpresa.

_____ ¡Uy, qué sucio está mi bulto!   _____ No sé si podré ir a jugar hoy.

_____ ¿Te gustó regresar a la escuela?   _____ ¡Qué bueno es estar en la escuela!

4 **Contesta** las siguientes preguntas en oraciones completas. **Usa** letra cursiva. **Sigue** el ejemplo.

- ¿Cuál es el primer mes del año?

El primer mes del año es enero.

- ¿Cuál es el último mes del año?

_____

- ¿En qué mes comienzan las clases?

_____

- ¿A dónde te gustaría ir de excursión?

_____

- ¿Qué días de la semana no hay clases?

_____

20

Gramática: distinguir frases y oraciones, reconocer clases de oraciones, contestar preguntas en oraciones completas

Lenguaje

Lee esta oración:

La escuela queda cerca de mi casa.

¿Con qué letra empieza esta oración? ¿Con letra minúscula o con letra mayúscula? ¿Qué se escribe al final de la oración?

1 **Lee** estas oraciones y **haz** un cerco alrededor de las letras que deben estar en mayúsculas.

había una vez un niño a quien le gustaba mucho la escuela. cuando regresó a la escuela después de las vacaciones, se encontró con sus amigos y amigas. él los saludó a todos. estaba feliz de estar allí. otro año más para aprender muchas cosas. también podría leer muchos libros.

2 **Ahora, lee** la parte final de la historia y **coloca** los puntos al final de cada oración.

Al sonar el timbre de entrada, el niño saludó a su maestra Los demás niños y niñas también la saludaron Se sentaron en sus pupitres y atendieron a clase Todos estaban ansiosos por leer, escribir y aprender

3 **Combina** las palabras de los recuadros que tienen el mismo color. **Ordénalas** según la clave. Luego, **escribe** las oraciones en letra cursiva. **Escribe** punto al final. **Fíjate** en el ejemplo.

▲	■	●
el niño	estudian	en el salón
la maestra	estaba	a la escuela
los niños	fue	para aprender
la historia	es	contentos
todos	estaban	sobre la escuela

▲ ■ ● *El niño fue a la escuela.*

▲ ■ ● _____

▲ ■ ● _____

▲ ■ ● _____

▲ ■ ● _____

Ortografía: uso de mayúsculas y signos de puntuación

4 Las letras mayúsculas y los puntos no aparecen en estas oraciones. Corrígelas y escríbelas correctamente en el espacio en blanco.

◆ yo me levanto temprano en la mañana

_____

◆ maría es una niña estudiosa

_____

◆ aprender es divertido

_____

◆ la escuela es mi segundo hogar

_____

◆ josé hace sus asignaciones

_____

5 Piensa. ¿Por qué la escuela es importante para ti? Escríbelo en los espacios en blanco. Luego, comparte tu escrito con tus compañeros. Dialoguen y comparen sus razones.

_____

_____

_____

Revisa: ¿Comienzan todas tus oraciones con mayúscula y terminan con punto?

22

Ortografía: uso de mayúsculas y signos de puntuación

Hay varios trucos que pueden ayudarnos a estudiar mejor. ¡Son los trucos del mago de las buenas notas!

Uno de esos trucos es fijarnos con cuidado en los títulos, antes de empezar a leer. Casi siempre, los títulos nos dicen de qué trata la lectura.

También debemos fijarnos en las láminas que acompañan lo que está escrito. Éstas nos ayudan a entender mejor lo que estamos leyendo.

1 **Imagínate que estas ilustraciones aparecen en un libro. ¿Cuál crees que será el mejor título para ese libro?** Subráyalo. **Fíjate en el ejemplo.**

<u>Los insectos</u>   Las hormigas   El campo

Los estudiantes   Los maestros   Mi escuela

Los oficios   Los bomberos   Los músicos

Los animales   El circo   El payaso

23

Destrezas y hábitos de estudio: realizar actividades de prelectura, reconocer tipos de relaciones

CUANDO YO SEA GRANDE...

EXPLORACIÓN

Ésta es la página de pasatiempos de una revista infantil. **Fíjate en la magia del espejo en esta vitrina.**

1. **Señala con un cerco rojo los objetos que no aparecen en el espejo. Explica por qué.**
2. **Señala con un cerco verde los objetos que escondió el espejo.**
3. **Señala con un cerco azul los objetos que cambió el espejo.**
4. **Ahora, marca las herramientas de trabajo de la siguiente manera:**
   ◆ las de carpintería con la C
   ◆ las de pintura con la P
   ◆ las de oficina con la O
   ◆ las de limpieza con la L

¿Qué quieres ser cuando seas grande? ¿Por qué? Hay infinidad de oficios y profesiones que podrías desempeñar cuando crezcas. El poema que leerás a continuación te presenta sólo algunos.

Literatura

Los trabajos

Fui por mi comunidad
y muchos **oficios** vi.
¡Qué importantes y contentos,
los que su labor hacen aquí!

El barrendero, la policía
y hasta el **albañil**.
¡Qué importantes y contentos
trabajan todos aquí!

Al sacerdote y al alcalde
en la plaza vi,
saludando a los estudiantes
que pasaban por allí.

El vendedor, el enfermero
y la secretaria, sí.
¡Qué importantes y contentos
se sienten todos aquí!

Cuando pase el tiempo y crezca,
trabajo habrá para mí.
¡Qué importante y contento
me sentiré aquí!

María Teresa Casanova
(puertorriqueña)

oficios: ocupaciones, trabajos.
albañil: el que construye una obra usando
ladrillos, bloques, piedra, arena o
cemento.

1 Fíjate **en el título de la lectura que hiciste. Nos dice de qué trata el poema; cuál es su tema.** Escribe, **en cursiva, el título que corresponde a cada foto.**

_____   _____
_ _ _ _ _ _ _ _ _ _ _ _ _ _ _ _ _   _ _ _ _ _ _ _ _ _ _ _ _ _ _ _ _ _
_____   _____

2 **¿Qué título le pondrías a un poema que hable sobre estos oficios?**

_____   _____

3 Contesta **oralmente estas preguntas.**

◆ ¿Por qué crees que la autora tituló su poema "Los trabajos"?

◆ ¿Cuáles oficios se mencionan en el poema?

◆ ¿Por qué crees que los trabajadores son importantes?

◆ ¿Qué trabajadores de tu comunidad conoces?

◆ ¿Cómo ayudan a tu comunidad?

◆ ¿Por qué crees que todos se sienten contentos con su labor en la comunidad?

◆ ¿Qué es el trabajo para todos en el poema? ¿Qué es el trabajo para ti?

◆ ¿Qué otro título le pondrías al poema? ¿Por qué?

Literatura

27

Comprensión de lectura: identificar y relacionar tema y título, detalles, inferir

Cuando hablamos y escribimos, usamos el lenguaje.

El lenguaje puede estar en verso o en prosa.

El poema que leíste está escrito en líneas cortas llamadas **versos**. El verso se usa cuando el lenguaje tiene mucho ritmo, como en las canciones y en los poemas.

La **prosa** es el lenguaje que usamos cuando hablamos. También se usa en los cuentos, en los libros de la escuela y otros escritos. Cuando una lectura está escrita en prosa, las líneas siguen hasta el final.

A veces, nos interesa decir cómo son y qué hacen las personas, los animales o las cosas. **Lee nuevamente el poema "Los trabajos".** ¿Qué hacían el sacerdote y el alcalde?

También usamos el lenguaje para contar cuentos, y para saber qué ocurrió en el pasado.

Querido papá:

Te admiro porque eres trabajador. Cuando sea grande, quiero ser como tú.

Te quiero mucho,
Joaquín

Otras veces, queremos mostrar nuestros sentimientos con palabras, como en las cartas.

Y, con el lenguaje, podemos entretenernos, como cuando hacemos chistes o decimos adivinanzas.

Lee esta adivinanza y trata de saber de qué se habla en ella. ¿Con cuál trabajo se relaciona?

Te la digo y no me entiendes,
te la repito y no me comprendes.

Recuerda: Usamos el lenguaje para transmitir mensajes diferentes.

Teoría literaria: distinguir verso y prosa, reconocer funciones del lenguaje

¡La ropa que usamos también puede comunicar algo! **Fíjate en los uniformes que usan estas personas.** Nos dicen cuál es el oficio o trabajo al que se dedican. ¿Puedes decir a qué se dedica cada una, y qué hacen en sus trabajos?

¿Qué deportes practican estos atletas? ¿Cuál de esos deportes te gusta más? ¿Por qué?

No sólo los uniformes nos comunican información. ¿Puedes adivinar para dónde van los personajes de las fotos? **Explica tu contestación.**

Algunos trajes típicos nos dicen de dónde es la persona. **Observa las fotos y contesta:** ¿Cuál es el mexicano? ¿Cuál es el esquimal? ¿De dónde son los otros dos?

Latin Stock México

Latin Stock México

Análisis de imágenes visuales y expresión oral: reconocer señales convencionales

Las vocales fuertes  y las vocales débiles  se llevan bien. Por eso siempre están juntas.

Las vocales débiles también andan juntas. Esa unión de vocales se llama **diptongo**. Ejemplos:

in ge **nie** ro   j**ue**z   **au** di to ra   a **via** do ra

1 **Pronuncia** en voz alta las siguientes palabras. Luego, **divídelas** en sílabas.

◆ violín _____ _____   ◆ piano _____ _____   ◆ escuela _____ _____ _____

Las vocales fuertes no se llevan bien. Por eso se separan. Esta separación de vocales se llama **hiato**. Ejemplos:

m**a es** tro   de li n**e a**n te   ar qu**e ó** lo go

2 **Lee** en voz alta estas palabras y **divídelas** en sílabas.

◆ acordeón _____ _____ _____ _____   ◆ geólogo _____ _____ _____ _____

En ocasiones, una vocal débil lleva la fuerza de pronunciación y se convierte en fuerte. Por eso no puede unirse a otra fuerte. **Fíjate** en el ejemplo:

po li c**í a**

3 **Divide** en sílabas las siguientes palabras.

◆ repartía _____ _____ _____   ◆ construí _____ _____ _____

Otras veces, se juntan dos vocales débiles y una fuerte. Esa unión de vocales se llama **triptongo**.

4 **Subraya** los triptongos en estos ejemplos. **Recuerda** que la *y*, al final de sílaba, tiene sonido de *i*.

◆ juey   ◆ buey   ◆ Guaynabo

Discriminación auditiva y expresión oral: dividir palabras en sílabas, reconocer diptongos, triptongos, hiatos

En el poema "Los trabajos", se mencionan varios oficios y profesiones que podrías desempeñar cuando seas grande. **Ahora, observa la terminación de estos otros:**

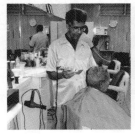    

barb**ero**   mes**era**   guitarr**ista**   escult**or**   locut**ora**

 **Recuerda:** Las partículas *-ero, -era, -ista, -or* y *-ora* son algunas de las terminaciones que se usan para formar palabras que significan *oficio* o *trabajo*.

1 **Subraya las terminaciones que significan oficio.**

◆ repostero   ◆ electricista   ◆ traductora   ◆ cajera

2 **Colorea el recuadro con la palabra que nos dice a qué se dedica la persona de la foto.**

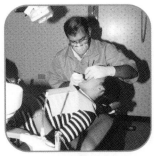

vendedora

ingeniera

dentista

electricista

pianista

tenista

bombero

violinista

auditora

baloncestista

domador

zapatero

3 **Dibuja en tu libreta el oficio o profesión que te gustaría tener cuando seas grande.**

31

Lenguaje

Lee y **observa estas oraciones.**

Juan sueña con ser astronauta. Él quiere vestir un traje espacial y viajar por el espacio en un transbordador. También quiere explorar la Luna y los planetas. ¡Quizás hasta ser parte de una misión a Marte! A Juan le gustaría poder recoger muestras de rocas de otros mundos. Y ¡quién sabe! hasta encontrar alguna forma de vida desconocida.

Fíjate que cada oración expresa una idea o un pensamiento completo. Una oración puede ser corta o un poco más larga. Ejemplos:

Juan sueña con ser astronauta.

Él quiere vestir un traje espacial y viajar
por el espacio en un transbordador.

El grupo de oraciones de la lectura está escrito en prosa y las líneas siguen hasta el final. Esto es lo que llamamos **párrafo.**

Párrafo: conjunto de oraciones en torno a una misma idea, separadas por un punto y aparte.

El párrafo reúne una sola idea. **Observa que la primera oración del párrafo, comienza luego de dejar un espacio llamado *sangría*.** El párrafo termina en punto y aparte.

1 Según lo leído, responde oralmente a estas preguntas.

◆ ¿Cuál es el sueño de Juan?

◆ ¿Qué quiere hacer Juan si se cumple su sueño?

◆ ¿Qué título le pondrías a este párrafo?

Redacción: reconocer la estructura del párrafo

2 Pega una foto tuya en el recuadro. Dibuja en la nube lo que sueñas llegar a ser.

3 Ahora, redacta un párrafo sobre tu sueño y sobre lo que quieres hacer si lo logras.

_____

_____

_____

_____

_____

_____

_____

Revisa: ¿Dejaste sangría?
¿Colocaste punto final?

33

Redacción: redactar un párrafo, reconocer la estructura del párrafo

Lee y contesta **estas preguntas:**

¿<u>Quién</u> guía el camión? _____ guía el camión.

¿<u>Quién</u> arregla el jardín? _____ arregla el jardín.

Lo que escribiste en los blancos, es el **sujeto** de esas oraciones.

 Sujeto: nos dice de quién o de qué se habla en la oración.

Ahora, contesta **estas otras preguntas:**

¿<u>Qué</u> hace el cartero? El cartero _____ .

¿<u>Qué</u> hace la fotógrafa? La fotógrafa _____ .

Las palabras que escribiste son el **predicado** de esas oraciones. El predicado también nos puede decir cómo es el sujeto. **Observa:**

El detective es astuto. ¿<u>Cómo</u> es el detective?

 Predicado: nos dice qué hace o cómo es el sujeto.

1 **Parea** estas preguntas con sus contestaciones. Luego, indica **si la parte destacada es el sujeto o el predicado.**

◆ ¿Qué hizo el plomero?   **Cecilia** es vendedora de ropa.

◆ ¿Quién quiere ser maestro?   El plomero **destapó el tubo**.

◆ ¿Cómo es el hojalatero?   **Luis** quiere ser maestro.

◆ ¿Quién es vendedora de ropa?   El hojalatero **es responsable**.

Gramática: reconocer el sujeto y el predicado

Muchas veces, el sujeto está al comienzo de la oración. **Fíjate en este ejemplo:**

El orientador está en su oficina.

Pero, también, puede estar en el medio de la oración. **Observa:**

En el laboratorio, **el tecnólogo médico** analiza la muestra de sangre.

Y, a veces, está al final. **Lee este ejemplo:**

En la entrevista, estaba presente **un camarógrafo.**

2 **Usa las claves para formar oraciones. Fíjate en el ejemplo.**

⬤ en el circo	◼ trabajaba	⬤ un trapecista

Un trapecista	_trabajaba_	_en el circo._
🌢	◼	⬤

⬤ para esa revista	◼ escribió	🌢 la columnista

🌢	◼	⬤

⬤ las llamadas	◼ contestó	🌢 la recepcionista

🌢	◼	⬤

⬤ en la pista	◼ practicó	🌢 el entrenador

🌢	◼	⬤

Gramática: reconocer variedad sintáctica, ordenar sintagmas

3 Escribe **el sujeto que falta.** Usa **letra cursiva.** Sigue **el ejemplo.**

◆ *El agricultor* labra la tierra.

◆ _____ me preparó una buena medicina.

◆ _____ resolvió rápido el caso.

◆ En las inundaciones, _____ perdió cinco cabezas de ganado.

◆ _____ diseñó una dieta especial para mí.

Revisa: ¿Usaste letra mayúscula al comienzo de cada oración?

4 Subraya **el predicado de estas oraciones.**

◆ La secretaria es rápida. ¿Cómo es la secretaria?

◆ El contador certificó mi planilla. ¿Qué hizo el contador?

◆ La agente de viajes diseñó mi plan de vacaciones. ¿Qué hizo la agente de viajes?

◆ El alguacil le entregó una citación del tribunal. ¿Qué hizo el alguacil?

◆ El químico tomó muestras de la sustancia desconocida. ¿Qué hizo el químico?

5 Completa **los siguientes sujetos.** Usa **letra cursiva.**

◆ El carnicero _____

◆ La arquitecta _____

◆ El artesano _____

◆ La astronauta _____

◆ El repostero _____

Revisa: ¿Escribiste punto al final de cada oración?

Gramática: reconocer sujeto y predicado

Lenguaje

Observa **cómo usamos la coma en esta oración.**

El utiliza las , la  , la y el .

Observa **este otro ejemplo:**

El cantante, la actriz, el músico y la ceramista son artistas.

 regla Cuando escribimos una serie de palabras, o una enumeración, las separamos con comas.

1 Encierra **las comas que aparecen en estas oraciones.**

◆ El ebanista hace sillas, tablilleros, gabinetes de cocina y clósets.

◆ Ese escritor ha publicado poemas, cuentos, novelas y ensayos.

2 Escribe **comas donde sea necesario.**

◆ Un mecánico puede arreglar autos camiones tractores aviones y otras máquinas.

◆ El piloto ha viajado a España Francia Inglaterra y Grecia.

3 Completa **estas oraciones.** Usa **letra cursiva.** Escribe **las comas que faltan.**

◆ En la corte trabajan _____ _____

y _____ .

◆ El guía turístico nos llevó a _____ _____

_____ y _____ .

◆ Anoche, el veterinario atendió _____ _____

_____ y _____ .

 Revisa: ¿Colocaste bien las comas?

4 Parea cada persona con los utensilios propios de su oficio. Luego, redacta una oración para cada una.

panadero

florista

científico

técnico de mantenimiento

◆ _____

_____

◆ _____

_____

◆ _____

_____

◆ _____

_____

Ortografía: uso de la coma en una enumeración

Al estudiar, hay trucos que te pueden ayudar a recordar mejor la información.

Uno de esos trucos es muy sencillo. Sólo tienes que fijarte bien en las láminas, fotos o dibujos de lo que estás leyendo. Luego, cierras los ojos, y tratas de recordarlo todo.

1 **Observa con cuidado estas ilustraciones. ¿Puedes recordarlas todas? Di en voz alta los objetos que recuerdes. ¿Cuántos objetos recordaste?**

2 **Ahora, tapa las láminas con la mano o con un papel, y piensa en cada objeto que viste. ¿Cuántos recordaste?**

Otro truco útil es agrupar las cosas, y recordar cuántas hay en cada grupo.

3 **Lee las siguientes palabras. Puedes dividirlas en dos grupos de cuatro. Piensa en lo que tienen en común las de cada grupo. Luego, escríbelas en cursiva en las columnas, y ponle un título a cada grupo.**

| bibliotecaria | boxeador | principal | estudiante |
| maestro | corredor | patinadora | gimnasta |

título: _____   título: _____

_____   _____

_____   _____

_____   _____

_____   _____

Ahora, es mucho más fácil para ti recordarlas. ¿No te parece?

Destrezas y hábitos de estudio: memorizar, clasificar

3

¡SI NOS AYUDAMOS, LLEGAMOS!

polen

néctar

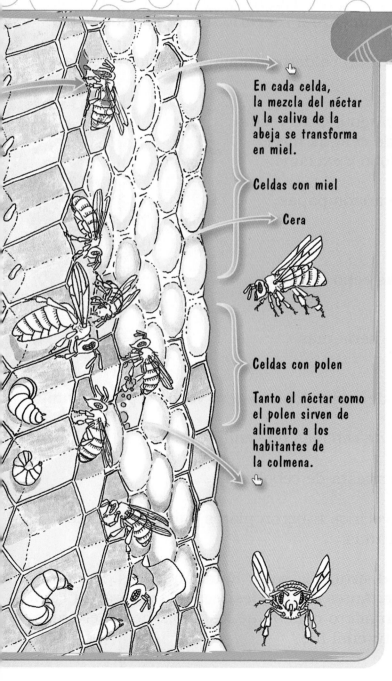

En cada celda, la mezcla del néctar y la saliva de la abeja se transforma en miel.

Celdas con miel

Cera

Celdas con polen

Tanto el néctar como el polen sirven de alimento a los habitantes de la colmena.

EXPLORACIÓN

En la ilustración de la izquierda, las abejas toman néctar y polen de las flores y lo llevan a la colmena.

1. **Fíjate en el recorrido que hace la abeja 2:** chupa el néctar de la flor y lo acumula en su estómago. De ahí, vuela a otra flor y toma más néctar. Luego, deposita ese néctar en una celda de la colmena.

2. **Ahora, fíjate en el recorrido que hace la abeja 1. Cuenta lo que sucede y píntalo con una línea de color.** La abeja 1 llega al pistilo...

3. **Lee lo que dice el texto, fíjate en el dibujo y cuenta cómo se obtiene la miel de abejas.**

Las abejas se ayudan entre sí. Sin embargo, en el siguiente cuento te presentamos los personajes de un pueblo donde nadie quería ayudar a los demás. **Averigua qué pasó.**

Sopa compartida
(adaptación)

Había una vez un pueblo cuyos habitantes no sabían ayudar a los demás. Tampoco les gustaba compartir. Era un pueblo muy aburrido y triste.

Un día, llegó un **forastero**. Al darse cuenta de la situación, decidió darles una lección. Buscó la piedra más grande que encontró y se sentó a esperar en la plaza. La gente sintió curiosidad y comenzó a rodearlo. Entonces, les habló:

—Esta piedra es mágica. Si tuviera un caldero con agua, podría hacer la sopa más rica del mundo.

Una vecina buscó un caldero con agua. Otro vecino buscó leña y prendió el fuego. Cuando el agua hirvió, el forastero echó la piedra. Luego, probó y exclamó:

—¡Deliciosa!, pero mejoraría si le añado papas.

—¡Yo tengo!, gritó una mujer.

Pronto regresó con las papas y las echó al caldero. El forastero volvió a probar:

—¡Excelente! Si tuviéramos carne sería más sabrosa.

Otro vecino regresó con un poco de carne. El forastero volvió a probar y dijo:

—¡Sabrosa! Sin embargo, un par de cebollas no vendrían mal.

Entonces, una vecina trajo una canasta de cebollas.

Cuando estuvo lista la sopa, los vecinos trajeron platos y otros utensilios. Algunos regresaron trayendo pan y frutas.

Esa noche, se sentaron juntos a disfrutar la sopa. Estaban felices. Entonces, el forastero decidió continuar su viaje. Antes de irse, les regaló la piedra. La gente le dio las gracias sin saber que el verdadero regalo que les había hecho era algo más que una simple piedra. ¿Sabes tú cuál fue?

Cuento tradicional

forastero: extranjero.

1 Numera **las acciones que ocurren en la historia.**

2 Conversa**, con un compañero o una compañera, sobre estas preguntas.**

◆ ¿Por qué crees que el pueblo del cuento era aburrido y triste?

◆ ¿Qué quería hacer el forastero?

◆ ¿Cómo lo logró?

◆ ¿Qué hubiera sucedido si los vecinos no se hubieran interesado en el forastero y su piedra?

◆ ¿Por qué todos estaban felices al final del cuento?

◆ ¿Crees que en realidad la piedra tenía poderes mágicos?

◆ ¿En qué consistía realmente su poder?

◆ ¿Crees que los vecinos aprendieron algo? Explica.

◆ ¿Cuál es la importancia de ayudarnos unos a otros?

3 Inventa **otro final para el cuento.** Añade **otros personajes y situaciones.**

_____

_____

_____

_____

_____

_____

_____

Literatura

43

En la lectura que acabas de hacer se cuenta una historia. Por eso, decimos que es una **narración**.

En las narraciones hay:

Un **narrador**, que es la persona que cuenta la historia. Por ejemplo, es quien dice: "Había una vez un pueblo cuyos habitantes no sabían ayudar a los demás". ¿Qué otras cosas cuenta el narrador de *Sopa compartida*?

Unos **personajes**, que son los seres humanos y, a veces, los animales o las cosas, que hacen algo en la historia. Menciona **los personajes del cuento**.

Las narraciones cuentan **sucesos**. Nos dicen qué pasó. ¿Qué ocurre al principio de esta historia? ¿Qué pasó después? ¿Qué ocurrió al final?

En la historia, hay un **problema** o **conflicto**. Los habitantes de un pueblo no sabían ayudarse ni les gustaba compartir. ¿Se resolvió el problema? ¿Cómo?

Recuerda: En las narraciones hay un narrador, unos personajes, una serie de sucesos y un conflicto.

Teoría literaria: los elementos de la narración

Fíjate **en estas ilustraciones.** Narran una historia.

1 **Ahora, tú cuentas la historia. Pero antes,** contesta **estas preguntas.**

◆ ¿Qué quería hacer primero la gallina?

◆ ¿Qué les pidió a los demás animales? ¿Qué le contestaron ellos?

◆ ¿Qué quiso hacer luego la gallina? ¿Qué le contestaron los animales?

◆ ¿Qué pasó al final?

2 **Cuenta oralmente la historia.**

3 **Discute estas preguntas con tus compañeros.**

◆ ¿Por qué quería la gallina que la ayudaran?

◆ ¿Por qué los otros animales no la ayudaron?

◆ ¿Por qué es importante cooperar con los demás?

◆ ¿Hizo bien la gallina al final? ¿Qué hubieras hecho tú?

Análisis de imágenes visuales y expresión oral: contestar preguntas, narrar una historia, inferir, concluir

Lenguaje

El sonido de las consonantes *r* y *l* se puede confundir cuando están en el medio o al final de una palabra.

Lee las parejas de oraciones. Subraya, **en cada par, la oración correcta.** Léelas y pronúncialas **con claridad.**

La lectura de esta unidad se llama "Sopa compaltida".
La lectura de esta unidad se llama "Sopa compartida".

El forastero se sentó a esperar.
El forastero se sentó a esperal.

Hicieron la sopa en el cardero.
Hicieron la sopa en el caldero.

Lee, **en voz alta, las siguientes palabras.**
Pronuncia **con cuidado la *r* y la *l*.**

- compartir
- algo
- ayudar
- aquel
- personaje
- hirviendo
- hacer

- lugar
- carne
- par
- mal
- algunos
- alborozo
- irse

Recuerda: La pronunciación de la *r* es diferente a la de la *l*. No las confundas.

1 Escribe **una palabra que rime con cada una de las siguientes palabras.**

- probar   rima con _____
- verdadero   rima con _____
- caracol   rima con _____
- volvió   rima con _____

Discriminación auditiva y expresión oral: distinguir la *r* y la *l*

Lenguaje

¿Dónde crees que el forastero había encontrado la piedra para la sopa? Es posible que la hubiera encontrado en un pedregal. **Fíjate en la terminación de esta palabra:**

pedreg**al**

Hay terminaciones en las palabras que significan *lugar* y *conjunto*, como **-al** en pedreg**al**. Lo mismo sucede con:

◆ plátano   ◆ platan**al**

◆ caña   ◆ cañaver**al**

◆ pasto   ◆ pastiz**al**

Las terminaciones destacadas en estas otras palabras también significan *lugar*.

lib**ro**   lib**rero**   lib**rería**

1 **Escoge la terminación de lugar que va con el resto del nombre, y escríbela en el blanco. Sigue el ejemplo.**

◆ rosa	ros _al_	<u>al</u>	ero
◆ hormiga	hormigu _____	ero	ería
◆ basura	basur _____	al	ero
◆ pizza	pizz _____	ero	ería
◆ juguetes	juguet _____	ería	ero
◆ barbero	barb _____	al	ería
◆ panadero	panad _____	ería	al

47

Un amigo que no ha leído "Sopa compartida" te pide que le digas de qué trata la historia. ¿Qué le dirías? Podrías resumírsela de este modo. **Fíjate en las palabras destacadas.**

Un forastero llegó a un pueblo en el que la gente no se ayudaba y quiso darles una lección. Buscó una piedra y se sentó a esperar. Cuando la gente lo rodeó, les dijo que la piedra era mágica y que con ella podría preparar la sopa más rica del mundo. Una **vecina** buscó un **caldero** con agua. Otro **vecino** trajo leña y prendió el fuego. Para mejorar la sopa, una **señora** trajo **papas** y un **señor** echó un poco de **carne**. Otra vecina trajo **cebollas**. Al final, trajeron **platos** y **cucharas**, y todos comieron juntos. Estaban felices.

La historia se podría resumir todavía más si sustituimos las palabras destacadas por la clase de cosas a la que pertenecen.

vecina, vecino, señora y señor   son los | HABITANTES |

caldero, platos y cucharas   son los | UTENSILIOS |

papas, carne y cebollas   son los | INGREDIENTES |

1 **Completa el resumen con las palabras de los recuadros anteriores.** Usa **la clave de colores.**

Un forastero llegó a un pueblo en el que la gente no se ayudaba y quiso

darles una lección. Buscó una piedra y se sentó a esperar. Cuando la gente

lo rodeó, les dijo que la piedra era mágica y que con ella podría preparar

la sopa más rica del mundo. Entre todos los ⬚ del pueblo,

buscaron los ⬚ y los ⬚ necesarios para preparar

la sopa. Al final, todos comieron juntos y estaban felices.

Redacción: resumir

2 Rotula **los siguientes conjuntos con el nombre de la clase a la que pertenecen.** Usa **letra cursiva.**

_____

- - - - - - - - - - - - - - - - - -

_____

- - - - - - - - - - - - - - - - - -

_____

3 Fíjate **en el ejemplo, y luego** menciona **tres cosas que están incluidas en cada una de las siguientes clases.** Escribe **los nombres en cursiva.**

◆ números pares: *dos, cuatro, seis* _____

◆ colores: _____

◆ frutas: _____

◆ pueblos: _____

Revisa: ¿Escribiste mayúsculas en los nombres de los pueblos? ¿Usaste comas para separar los nombres de cada enumeración?

4 Lee **con cuidado este párrafo.**

No todas las personas comen lo mismo. Algunas comen **lechuga**, **tomate**, **pepinillo** y **zanahoria**. Otras comen **pollo** y **pavo**. A otras les gusta mucho la **lasaña**, los **coditos** y los **macarrones**. Para otras, su platillo favorito son los **flanes**, los **bizcochos** y el **mantecado**.

5 Ahora, resume **el párrafo anterior en tu libreta, sustituyendo las palabras destacadas por la clase a la que pertenecen.** Usa **las palabras de los recuadros.** Escribe **las oraciones en cursiva.**

(aves)   (postres)   (vegetales)   (pastas)

Lenguaje

49

Redacción: resumir

¿Recuerdas qué palabras del cuento "Sopa compartida" nombran objetos? ¿Puedes mencionarlas? Esas palabras con las que nos referimos a objetos son **nombres**.

 Nombres: son las palabras con que nos referimos a las personas, los animales, las cosas y los lugares.

Escribe **los nombres de estos objetos.**

 _____

 _____

 _____

 _____

Además de las palabras que nombran objetos, también son nombres las que se refieren a:

personas   abuela   estudiante   guitarrista   Sofía

animales   gallina   pez   caballo   Fido

lugares   escuela   campo   ciudad   El Morro

Gramática: reconocer y clasificar nombres

Observa **la diferencia que hay entre estas dos ilustraciones.**

casa

casas

El nombre *casa* está en **singular**, pues se refiere a una sola. El nombre *casas* está en **plural**, pues se refiere a más de una.

Mira, ahora, cómo se forma el plural de estos nombres y completa **la regla.**

caldero ⟶ calderos   cebolla ⟶ cebollas

 regla   Cuando el nombre acaba en vocal, se añade ____ para formar el plural.

¿Qué ocurre cuando el nombre acaba en consonante? **Después de ver los ejemplos,** completa **la regla.**

pan ⟶ panes   ciudad ⟶ ciudades

regla   Cuando el nombre acaba en consonante, el plural se forma añadiendo ____.

Observa **ahora qué pasa con los nombres que acaban en** *z* **y** completa **la regla.**

 luz    luces

regla   Cuando el nombre acaba en *z*, se cambia esa letra por ____ y se añade ____.

Gramática: reconocer el número de los nombres, formar el plural

1 En cada fila, hay tres nombres y una palabra de otro tipo. Subraya los nombres, como en el ejemplo.

◆ <u>pueblo</u>   <u>día</u>   aburrido   <u>lección</u>

◆ papas   cebollas   carne   probó

◆ casa   vecino   plaza   trajeron

◆ leña   fuego   caliente   agua

◆ pan   juntos   frutas   platos

2 Escribe cada nombre del recuadro en el espacio que le corresponde. Fíjate en el ejemplo. Usa letra cursiva.

| pájaro | comedor | plato | viajero |
| pueblo | sapo | cuchara | vecina |

Personas

viajero

Animales

Cosas

Lugares

3 Escribe el plural de los siguientes nombres. Usa letra cursiva.

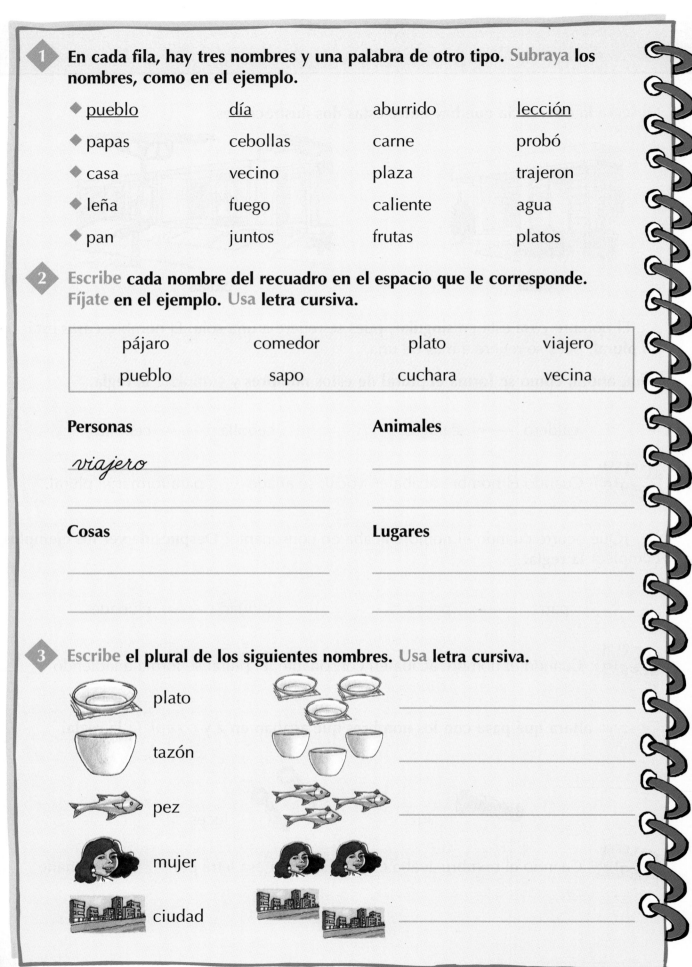

plato

tazón

pez

mujer

ciudad

Gramática: reconocer y clasificar nombres, formar el plural

Después de que el forastero se fue del pueblo, los vecinos decidieron construir un kiosco para cocinar juntos. De esta forma, seguirían compartiendo y ayudándose.

Lee lo que dice el letrero, y contesta **las preguntas que siguen.**

¿Cómo suena la *k* de kiosco?

Y la *c* de comidas y compartidas, ¿cómo suena?

Fíjate en la palabra *cocinar.* La letra *c,* ¿suena igual las dos veces que aparece?

La letra *k* tiene un sólo sonido, fuerte. Se usa en muy pocas palabras: kiosco, Kuwait, kilómetro, kayak.

La letra *c* tiene dos sonidos; el sonido fuerte de *k* y el sonido suave de *s*.

Lee estas palabras, y subraya **la letra que sigue a la** *c*.

Caribe   costas

　　　　cueva

¿Cómo suena en esas letras: como *s* o como *k*? **Completa la regla.**

 La *c* tiene el sonido de _____ delante de la *a*, la *o* y la *u*.

¿Cómo suena la *c* en estas otras palabras? **Completa la regla.**

cero   cielo

 La *c* tiene el sonido de *s* delante de las letras _____ y _____.

Ortografía: uso de la *k* y de la *c*

Lenguaje

1 Lee la lista de los platos que sirven en *El kiosco Buen Vecino*.

COMIDAS CRIOLLAS

Caldo de pescado	Alcapurrias
Asopao de camarones	Refrescos
Carne de cerdo frita	Jugos frescos
Bisté encebollado	Cocos fríos
Bacalaítos	Dulces caseros

2 Escribe las palabras del menú en las que la *c* tiene sonido de *k*. Luego, escribe las palabras en las que la *c* suena como *s*.

Sonido de k	Sonido de s

Ortografía: uso de la *k* y de la *c*

Antes de empezar a leer, debes fijarte en el título.

Recuerda: El **título** casi siempre nos dice de qué trata lo que vamos a leer.

No sólo los libros llevan título. También tienen título los capítulos o secciones en que se dividen los libros. Los cuentos, poemas y canciones también tienen título.

 1 **Parea los dibujos con los títulos.**

◆ El bosque

◆ La casa

◆ La ropa

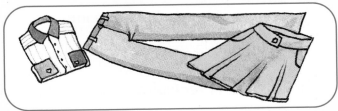

 2 **Lee este párrafo. Luego, ponle un título.**

_____

Los seres humanos no podemos vivir solos. Todos necesitamos de los demás. Si vivimos unos junto a otros sin ayudarnos, no formamos una comunidad. Vivir en comunidad simplifica la vida. A fin de cuentas, nadie es capaz de hacerlo todo. Además, ayudar a los demás brinda una gran satisfacción.

Revisa: ¿Escribiste mayúscula al comienzo del título?

55

REPASO

1 **Divide** en sílabas las siguientes palabras.

- septiembre
- lechosa
- María
- Paraguay
- blanco

2 **Menciona** la palabra que corresponde a cada definición.

- Que da gracia
- Que tiene mucho coraje
- Que sabe bien

3 **Haz** un cerco alrededor de las terminaciones que indican oficio.

- guitarrista
- cocinero
- enfermera
- vendedora
- boxeador

4 **Coloca** las letras destacadas al final, para encontrar el nombre del lugar.

- bas**ero**ur _____
- **al**platan _____
- **ería**cafet _____

5 **Marca,** con una *X*, la oración. **Escríbele** la mayúscula y el punto final.

- un día, la maestra de la ( )
- me gusta mucho mi escuela ( )

6 **Colorea** el recuadro cuya oración está bien ordenada.

En clase, un ayer poema leímos.	Ayer, leímos un poema en clase.

7 **Subraya** el sujeto de cada oración.

- Son muy divertidos los poemas.
- Las oraciones comienzan con mayúscula.

8 **Subraya** el predicado de cada oración.

- Las narraciones cuentan historias.
- Las frases no tienen sentido completo.

9 **¿Cuáles de estas palabras son nombres?** **Colorea** los recuadros.

estudié	árbol	salón	llegó	palma	pez

10 **Cambia** estos nombres a plural. **Usa** letra cursiva.

- cerro _____
- país _____
- pez _____

11 **Escribe** las comas donde sea necesario.

- Este repaso incluye las unidades uno dos y tres.
- Las vocales unidas pueden clasificarse como diptongos triptongos o hiatos.

¡Ayudemos!

1 Observa **bien, con un grupo de compañeros, la siguiente situación:**

2 Piensen **en la situación y** digan **cómo creen que actuarían ante ella y porqué.**

3 Escriban **un párrafo en el cual resuman sus acciones como grupo.**

4 Busquen **dos fotografías, en periódicos o revistas, que muestren otras situaciones.** Peguen **las fotos en papel de construcción.**

5 **Cada compañero del grupo expresará qué diría y cómo actuaría frente a cada situación. Pueden usar estas preguntas guías para la discusión: ¿Cuál es la situación? ¿Qué dirías de esta situación? ¿Por qué? ¿Qué harías ante esta situación? ¿Por qué? ¿Cuál sería un buen final para esta situación?**

6 **En otro papel de construcción,** escriban **un párrafo en letra cursiva para cada situación.** Presenten **primero las ideas de cada miembro del grupo. Luego,** presenten **las ideas en las que todos estuvieron de acuerdo.**

7 Presenten **y** expliquen **las dos situaciones al resto de la clase.**

Unidad 4

¡TRATEMOS DE SER MEJORES!

1

_____ todos los días.

2

_____ los dientes.

4

_____ la mano para hablar.

5

_____ a los mayores.

3

_____ el clóset.

6

_____ gracias y por favor.

EXPLORACIÓN

En el libro titulado *Haz las cosas bien* aparecen estas ilustraciones con explicaciones incompletas.

1. **Selecciona** y **escribe las palabras que faltan para completar las oraciones:** *decir, ordenar, saludar, cepillarse, levantar la mano, bañarse.*
2. **Fíjate en las ilustraciones 4, 5 y 6, y colorea lo que haga falta.**

Hay personas que piensan que son mejores que otras, y que el trabajo les corresponde a los demás. Estas personas son presumidas. Uno de los personajes del cuento que vas a leer es así.

El niño desmemoriado

Una familia campesina tenía un hijo al que había enviado a estudiar a la ciudad.

Cuando llegaron las vacaciones, el estudiante regresó al hogar dando alegría a toda la familia.

Su padre observó que venía muy **presumido** de su vida en la capital y le dijo:

—Hoy empezaremos a cortar la yerba, así es que busca un **rastrillo** y ven a ayudarme.

El niño, que no quería trabajar en el campo, le contestó:

—¿Qué es un rastrillo?

—¿Te estás riendo de mí? —le dijo el padre.

—No, papá. Sencillamente me he olvidado. En la ciudad no se usan esas herramientas.

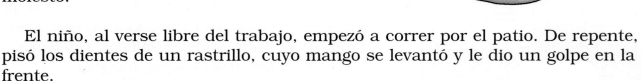

El campesino no le respondió, pero se fue muy molesto.

El niño, al verse libre del trabajo, empezó a correr por el patio. De repente, pisó los dientes de un rastrillo, cuyo mango se levantó y le dio un golpe en la frente.

Al sentir el dolor del golpe, gritó con coraje:

—¿Quién dejó aquí este rastrillo?

Su padre, que en aquel momento pasaba cerca, le dijo:

—¿De modo que empiezas a recordar? Te felicito y me alegro. Ahora que te acuerdas de lo que es un rastrillo, cógelo y ven conmigo a las siembras. Allí te enseñaré para qué sirve.

León Tolstoi
(ruso)

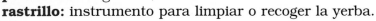

presumido: orgulloso, vanidoso.
rastrillo: instrumento para limpiar o recoger la yerba.

1 **Numera las acciones del cuento en el orden en que ocurrieron. Usa el 1 para la primera.**

_____ El niño le dijo a su papá que no sabía lo que era un rastrillo.

_____ El niño llega a su casa de vacaciones.

_____ El papá le pidió que lo ayudara a cortar la yerba.

_____ El niño se dio un golpe con el rastrillo.

2 **¿Quién dice cada una de estas oraciones? Escribe, en cursiva, su nombre en el blanco.**

el narrador   **el papá**   **el hijo**

_____ "¿Te estás riendo de mí?"

_____ "No, papá. Sencillamente me he olvidado."

_____ "El campesino no le respondió, pero se fue muy molesto."

_____ "¿Quién dejó aquí este rastrillo?"

_____ "El niño, al verse libre del trabajo, empezó a correr por el patio."

_____ "¿De modo que empiezas a recordar?"

3 **Contesta cierto(_C_) o falso(_F_). Explica las falsas.**

_____ El papá del niño era agricultor.

_____ El niño era muy trabajador.

_____ El niño se avergonzaba de venir de la ciudad.

_____ El niño no tenía buena memoria.

4 **Conversa con tus compañeros sobre el significado de estos valores. Luego, decidan con cuáles se relaciona el mensaje del cuento, y expliquen por qué.**

◆ la humildad   ◆ la honestidad   ◆ la valentía   ◆ la cooperación

Comprensión de lectura: ordenar acciones, identificar detalles, inferir, llegar a conclusiones

La lectura que acabas de hacer es una **narración**. Nos cuenta una historia.

Esta narración está escrita en **prosa**.

En todas las narraciones, hay **personajes**. Los personajes pueden ser personas, como en el mundo real.

También pueden ser personajes fantásticos, como los animales, plantas o cosas que hablan, estudian o guían carros.

Los personajes de esta historia, ¿son como los del mundo real, o son fantásticos?

En esta historia, los personajes son miembros de una familia. Uno de esos personajes es más importante que los demás. A ese personaje principal lo llamamos **protagonista**, como al de las películas. El protagonista es el personaje que tiene algún problema o conflicto.

En el cuento "Sopa compartida", los protagonistas eran el forastero y los habitantes del pueblo. ¿Recuerdas cuál era su problema?

En esta historia, el problema del protagonista es su orgullo. Pensaba que era mejor que los demás. ¿Quién es ese personaje?

Recuerda: En las narraciones, hay personajes que pueden ser reales o fantásticos. El personaje principal se llama *protagonista*. El protagonista tiene algún problema o conflicto.

Teoría literaria: distinguir elementos y características de la narración

Fíjate en las láminas, y en la historia que narran.

Un león estaba durmiendo en la selva. De repente, apareció un ratón y...

¡Me has despertado, y por eso te voy a comer! ¿Acaso no sabes que yo soy el Rey de la selva?

¡Por favor! Yo no quería despertarlo. Déjeme ir. Algún día podría ayudarlo.

¿Ayudarme a mí, tú que eres tan pequeño? ¡Ja, ja! ¡Vete de aquí!

Unas semanas después...

¡Auxilio! ¡He caído en una trampa! ¡Socorro!

¡No te apures, amigo, yo voy a cortar las cuerdas con mis afilados dientes!

Gracias, amigo. ¡Ahora entiendo que no debo ser orgulloso! ¡Hasta los más fuertes y poderosos necesitamos ayuda!

1 Contesta oralmente estas preguntas:

- ¿Qué personajes aparecen en la historia? Raton Leon
- ¿Son personajes del mundo real? ¿Cómo lo sabes? Se porque eran animales
- ¿Cómo era el león? ¿Por qué crees que era así?
- ¿En qué se parece el león al niño desmemoriado? Explica tu contestación.

2 Cuenta, en tus palabras, la historia. Luego, discute su mensaje con tus compañeros.

Análisis de imágenes visuales y expresión oral: contestar preguntas específicas, narrar una historia, llegar a conclusiones

Algunas palabras tienen una sola sílaba. Otras tienen varias. **Cuenta las sílabas de estas palabras, y escribe el número en el recuadro.**

◆ hijo   **2**   ◆ rastrillo   ☐   ◆ ven   ☐

◆ ayudarme   ☐   ◆ estudiante   ☐   ◆ padre   ☐

En todas las palabras, hay una sílaba que suena más fuerte que las demás. Esa sílaba se llama **sílaba tónica**.

Sílaba tónica: es la sílaba que lleva la fuerza de pronunciación.

1 **Lee en voz alta las siguientes palabras. Fíjate en la sílaba tónica que aparece destacada. ¿Cuál es la sílaba tónica de estas palabras? ¿La última o la que está antes de la última?**

◆ co**rrer**   ◆ do**lor**   ◆ ciu**dad**   ◆ es**tás**

◆ a**quí**   ◆ capi**tal**   ◆ empe**zó**   ◆ enseña**ré**

2 **Fíjate ahora en estos ejemplos. La sílaba tónica aparece destacada. ¿Cuál es: la última o la que va antes de la última?**

◆ **a**ño   ◆ em**pie**zas

◆ **siem**bras   ◆ **cer**ca

◆ me**mo**ria   ◆ vani**do**so

◆ **fá**cil   ◆ presu**mi**do

3 **Lee en voz alta estas otras palabras. La fuerza de pronunciación cae en la tercera sílaba, cuando cuentas desde el final. Colorea esa sílaba. Fíjate en el ejemplo.**

◆ | **sí** | la | ba | ◆ | diá | lo | go |

◆ | sá | ba | na | ◆ | cá | lla | te |

◆ | dí | me | lo | ◆ | fá | ci | les |

◆ | ár | bo | les | ◆ | mur | cié | la | go |

Discriminación auditiva y expresión oral: dividir palabras en sílabas, reconocer la sílaba tónica

El autor de "El niño desmemoriado" es el escritor ruso, León Tolstoi. La palabra *ruso* significa que nació en un país llamado *Rusia*. Y tú, ¿de qué país eres?

Puedes decir de qué país eres de dos formas distintas:

Soy de **Puerto Rico.**
Soy **puertorriqueño** o **puertorriqueña.**

También puedes decir de qué pueblo eres de dos formas:

Soy **de Hatillo.** Soy **hatillano.** Soy **hatillana.**

¿Puedes decir de qué pueblo eres?

Soy _____. Soy _____.

En las palabras puertorriqu*eño*, puertorriqu*eña*, hatill*ano* y hatill*ana*, usamos terminaciones especiales que nos dicen que la persona es de ese país o ese pueblo. **Fíjate en estas otras palabras, y completa las terminaciones que faltan.**

País o pueblo	Persona de ese país o pueblo
Italia	italiano o itali_____
Ponce	ponc_____ o ponceña
Chile	chil_____ o chilena
Isabela	isabelino o isabel_____

1 **Parea el nombre de cada país con el de la persona que nació allí.**

Holanda	panameña
Venezuela	japonés
Francia	holandés
Panamá	español
Japón	venezolana
España	francés

Vocabulario: reconocer claves estructurales, las terminaciones *-eño, -eña, -ano, -ana*

En la unidad anterior, viste que puedes resumir sustituyendo una serie de cosas por la clase a la que pertenecen. Por ejemplo:

papas, carne y cebollas ⟶ INGREDIENTES

Otra forma de resumir es eliminar detalles que no son importantes. **Observa cómo podemos resumir la primera parte de "El niño desmemoriado". Pon atención especial a las palabras destacadas.**

Una familia campesina tenía un hijo que estudiaba en la ciudad. Cuando llegaron las vacaciones, **el estudiante** regresó a su casa **dando alegría a toda la familia**. Como venía muy presumido **de su vida en la capital**, su padre **le dijo que ese día empezarían a cortar la yerba, y** le pidió que buscara un rastrillo para que lo ayudara. Pero el niño, **que no quería trabajar**, dijo que se le había olvidado lo que eran los rastrillos.

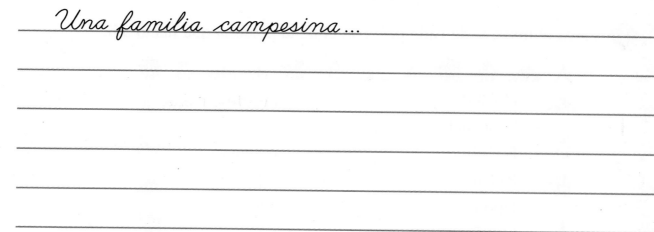

¿Qué es un rastrillo?

¿Te estás riendo de mí?

—¿**Te estás riendo de mí?** —le dijo el padre.

—**No, papá. Sencillamente me he olvidado. En la ciudad no se usan esas herramientas.**

El campesino no le respondió, pero se fue muy molesto.

1 Copia, en cursiva, esta parte del cuento, eliminando las palabras y frases destacadas. Esas palabras y frases son detalles, pues no tienen que ver con lo que sigue en la historia.

Una familia campesina...

Redacción: resumir

Para resumir, también puedes hacer preguntas sobre las cosas importantes del escrito. Esa es otra forma de eliminar los detalles. **Observa cómo se hace.**

2 **Lee de nuevo esta parte del cuento.**

El niño, al verse libre del trabajo, empezó a correr por el patio. De repente, pisó los dientes de un rastrillo, cuyo mango se levantó y le dio un golpe en la frente.

3 **Ahora, contesta estas preguntas.**

◆ ¿Qué personaje aparece en esta parte?

_____

◆ ¿Dónde estaba?

_____

◆ ¿Qué le pasó?

_____

4 **Completa el resumen con las contestaciones de las preguntas anteriores.**

Entonces _____ tropezó en el _____

con un _____, y se dio _____.

5 **Lee el final del cuento, y llena los blancos del resumen.**

¿Quién dejó aquí este rastrillo?

Al sentir el dolor del golpe, gritó con coraje:
—¿Quién dejó aquí este rastrillo?
Su padre, que en aquel momento pasaba cerca, le dijo:
—¿De modo que empiezas a recordar? Te felicito y me alegro. Ahora que te acuerdas de lo que es un rastrillo, cógelo y ven conmigo a las siembras. Allí te enseñaré para qué sirve.

Al darse el golpe, _____ gritó la palabra "rastrillo"

y _____ lo oyó. Entonces, _____ le

dijo al _____ que se fuera con él a _____.

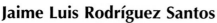

Observa la diferencia entre estos dibujos:

Jaime Luis Rodríguez Santos

niño   niño   niño   niño

Contesta las siguientes preguntas: ¿Para cuántos niños podemos usar la palabra *niño*? ¿Cuántos niños se llaman *Jaime Luis Rodríguez Santos*?

Fíjate ahora en la diferencia que hay entre estos nombres.

Nombre común: país   país   país

Nombre propio: Rusia   Puerto Rico   Estados Unidos

La palabra *país* es un **nombre común**.

 Nombre común: sirve para referirnos a todas las cosas de una misma clase.

Las palabras *Rusia*, *Puerto Rico* y *Estados Unidos*, que se escriben con letra mayúscula, son **nombres propios**.

 Nombres propios: se refieren a un lugar, una cosa, un animal o una persona única.

1 **Inventa un nombre propio para el niño desmemoriado del cuento. Escríbelo en cursiva.**

_____

2 **¿Qué nombre le darías a su papá?** _____

_____

Gramática: reconocer y clasificar nombres comunes y propios

Los nombres de varones y los de animales machos son **masculinos**.

Iván

campesino

perro

Los nombres de mujeres y los de animales hembras son **femeninos**.

Sofía

campesina

perra

3 ¿Cómo se llama la hembra de estos animales? Escribe su nombre en cursiva.

◆ caballo _____*yegua*_____   ◆ gallo _____

◆ oso _____   ◆ toro _____

4 Cambia a masculino estos nombres de personas.

◆ enfermera _____   ◆ cocinera _____

◆ agricultora _____   ◆ hermana _____

Las cosas y los sitios no tienen sexo, pero sus nombres también son masculinos o femeninos.

Femeninos	
la ciudad	la escuela

Masculinos	
el rastrillo	el trabajo

5 Escribe *el* delante de los nombres masculinos, y *la* delante de los femeninos.

_el_ año   _la_ libreta   ____ Sol   ____ hogar

____ libro   ____ pueblo   ____ golpe   ____ campo

____ pared   ____ herramienta   ____ yerba   ____ día

Gramática: reconocer y formar el género de los nombres

6 Escribe nombres masculinos y femeninos de personas, animales y cosas que aparecen en el dibujo. Sigue el ejemplo.

Nombres masculinos	Nombres femeninos
sofá	

7 Inventa un nombre propio para cada animal y persona que identificaste en el ejercicio anterior. Escríbelos en letra cursiva.

Nombres masculinos	Nombres femeninos

8 Escribe *el* o *la* para cada nombre.

◆ sofá _____   ◆ cielo _____

◆ ventana _____   ◆ pala _____

Revisa: ¿Escribiste letra mayúscula en los nombres propios?

Gramática: nombres comunes y propios, el género de los nombres

Fíjate en los siguientes ejemplos y completa la regla.

Nombre común	Nombre propio
ñiño	Raúl
continente	Asia
océano	Océano Ártico

Nombre común	Nombre propio
perra	Perla
ciudad	San Juan
parque	Parque Central

regla Los nombres propios de personas, animales y lugares se escriben con letra _____.

Como los apellidos son nombres propios, también se escriben con letra mayúscula.

León Tolstoi

Gladys Pagán de Soto

¿Cuáles son los apellidos de los autores de este libro? **Escríbelos.**

_____

¿Sabes lo que es un apodo? A algunas niñas que se llaman María les dicen *Mari*. A un niño que se llama Leonardo, le pueden decir *Leo*. Y tú, ¿tienes un apodo? **Escríbelo.**

_____

Los apodos se escriben con letra mayúscula.

También usamos mayúscula en la primera palabra de los títulos de poemas, cuentos y libros. **Observa:**

El niño desmemoriado

Sueños y palabras 3

Regreso a la escuela

71

Ortografía: uso de mayúsculas en nombres propios y títulos

1 Encierra las letras mayúsculas de estos nombres propios.

- Avenida Central
- Bayamón
- González
- Costa Rica
- África
- Tito
- León Tolstoi
- Caribe
- Atlántico

2 Escribe los nombres propios anteriores junto al nombre común que les corresponde. Fíjate en el ejemplo. Usa letra cursiva.

- continente: _*África*_
- calle: _____
- país: _____
- océano: _____
- pueblo: _____
- escritor: _____
- apellido: _____
- apodo: _____

3 Corrije el uso de las mayúsculas en los títulos de los libros. Escribe, en cursiva, los títulos de los libros que aparecen abajo.

historia de puerto rico

grafías 3

matemáticas 3

cuentos para soñar

caperucita roja

canciones y juegos

_____

_____

_____

_____

_____

72

¿Sabías que existen diferentes clases de libros?

Algunos libros nos entretienen o divierten, como los libros de adivinanzas, los de colorear y los de chistes.

También nos entretienen, a la vez que nos enseñan, los libros de poemas y los libros de cuentos.

Decimos que todos éstos son **libros recreativos**.

Los **textos escolares**, que usamos en las clases, nos enseñan cosas nuevas. Con ellos, podemos aprender Matemáticas, Español, Ciencias...

Y otros libros, llamados **libros de consulta**, nos ayudan a conseguir información. Algunos ejemplos son las guías de teléfono, los atlas, los diccionarios y las enciclopedias.

1 **Copia el título de cada libro debajo del grupo al que pertenece.**

Textos escolares	**Libros de consulta**	**Libros recreativos**
_____	_____	_____
_____	_____	_____

2 **Copia el título de dos textos que usas en tu escuela.**

_____

_____

 **Revisa:** ¿Escribiste mayúscula al principio de cada título?

Destrezas de estudio: reconocer propósitos comunicativos, clasificar textos escritos

Unidad 5

¡VAMOS DE PASEO!

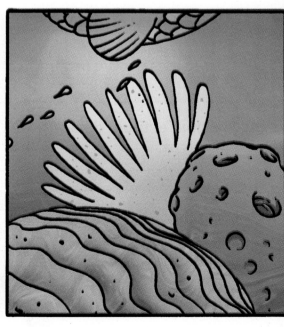

EXPLORACIÓN

Estos acercamientos muestran la superficie del mar que ve una niña y la profundidad del mar que ve un científico.

1. **Con los espejuelos rojos, imagina que ves cosas bien extrañas. Píntalas en la superficie del mar.**
2. **Con la careta del científico, fíjate en la planta y descríbela.**
3. **Explica por qué hay plantas que pueden vivir dentro del agua y otras no.**

En la lectura de esta unidad, podrás apreciar cómo el novelista Pío Baroja describe el mar. Este autor escribió muchas obras en las que dio importancia a los paisajes.

Cómo ve el mar un escritor

En estos días tranquilos, suaves, de temperatura **benigna**, se pueden pasar las horas dulcemente contemplando el mar. Las grandes olas verdosas se persiguen hasta morir en la playa, el sol **cabrillea** sobre las espumas y, al anochecer, algún delfín destaca su cuerpo y sus aletas negras en el agua.

Desde la barandilla del faro, el espectáculo es extraordinario: abajo, al mismo pie del **promontorio** hay una **sima** con fondo de roca y, allí, el agua, casi siempre inmóvil, poco agitada, es de un color **sombrío**; a lo lejos, el mar parece azul verdoso, cerca del **horizonte** de un tono esmeralda. Cuando el viento riza las aguas, toman el aspecto y brillo de la **mica**, y se ve el mar **surcado** por líneas blancas que indican diversas profundidades...

Algún barco de vela se presenta en el horizonte, y pasa una gaviota despacio, casi sin mover las alas.

Pío Baroja
(español)

benigna: cálida, agradable.
cabrillea: brilla.
promontorio: altura de tierra que se forma a orillas del mar.
sima: hueco, hoyo.

sombrío: oscuro, negro.
horizonte: línea que, a lo lejos, parece que separa la tierra del cielo.
mica: mineral muy brillante.
surcado: con rayas.

 1 Contesta **las preguntas oralmente.**

◆ ¿Cómo se siente el autor con relación al mar?

◆ Describe, en tus palabras, el espectáculo que se ve desde el faro.

◆ ¿Cómo ves el mar? ¿Has visto en las playas de nuestra Isla lo mismo que describe Pío Baroja?

◆ ¿Por qué se considera a Puerto Rico una isla tropical?

 2 Lee **nuevamente el texto** *Cómo ve el mar un escritor.* **Escribe palabras que describan:**

 las olas

_____

_____

 el delfín

_____

_____

 el agua del mar al pie del promontorio

_____

_____

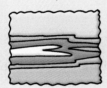 el agua del mar cerca del horizonte

_____

_____

 el movimiento de la gaviota

_____

_____

3 Dibuja, **en tu libreta, algún paisaje de Puerto Rico. Puede ser un lago, río, montaña, amanecer, atardecer, bosque, mar, playa, campo o día de lluvia. Escribe un párrafo que lo describa.**

77

Comprensión de lectura: identificar detalles, hacer inferencias, la descripción

El autor de la lectura de esta unidad describe cómo ve el mar. Es casi un dibujo o una foto con palabras. El pintor muestra paisajes por medio de la pintura. El escritor lo hace por medio del lenguaje. Ambos deben ser muy observadores. ¿Lo eres tú?

Cuando dibujamos una cosa, incluimos sus partes. Si dibujamos un árbol, debemos dibujar su tronco, sus ramas y sus hojas.

Y cuando dibujamos un lugar, incluimos las cosas que están en él. ¿Qué cosas añadirías en el dibujo de este cuarto? ¿Qué cosas debe incluir el dibujo de un paisaje?

Al dibujar un lugar, también mostramos cómo son las cosas que están en él.

Las montañas de un paisaje pueden ser o  .

El cielo puede estar o  , los árboles pueden ser

 o .

Finalmente, cuando dibujamos, colocamos cada cosa en un sitio. Algunas cosas van

arriba ,otras, abajo . Un pino puede estar junto a un lago

o al lado de una casita .

Cuando un escritor describe un paisaje, hace lo mismo.

Recuerda: La descripción de un sitio incluye las cosas que hay en el lugar. También nos dice cómo son esas cosas y dónde están.

Teoría literaria: reconocer los elementos de la descripción de lugares

Observa **con cuidado esta lámina.** ¿Puedes mencionar el nombre de diéz cosas que aparecen en ella?

¿Qué cosas del dibujo podemos describir con estas palabras?

altas	azul	verdes	juguetón	blancas
brillante	claro	alegres	suave	tibia

1 **Fíjate ahora en este otro paisaje.**

2 **Contesta oralmente estas preguntas.**

◆ ¿Qué título podemos dar a este paisaje?
◆ ¿Qué cosas iguales aparecen en los dos dibujos?
◆ ¿Cuáles son del mismo color?
◆ ¿Qué hace la gente en la playa? ¿Qué hace el señor del segundo dibujo?
◆ ¿Cuál lugar te gusta más? ¿Por qué?

3 **Conversa con tus compañeros sobre qué afea el paisaje de la playa, y cómo podemos evitar que eso ocurra.**

Análisis de imágenes visuales y expresión oral: identificar semejanzas y diferencias, concluir

Ya sabes que en las palabras hay una sílaba que suena más fuerte que las demás. A esa sílaba se le llama **tónica**. **Lee, en voz alta, las siguientes palabras. Presta atención a la sílaba tónica, que aparece destacada.**

pie   a - **diós**

al - **gún**   pa - **sar**

a - **zul**   del - **fín**

co - **lor**   des - cri - **bió**

¿Cuál es la sílaba tónica, la última o la que está antes de la última?

Las palabras de la lista anterior son **agudas**.

Palabras agudas: llevan la fuerza de pronunciación en la última sílaba.

Las palabras monosílabas siempre son agudas, aunque no siempre se acentúan.

1 También son agudas estas palabras. **Divídelas en sílabas, y colorea la sílaba tónica. Fíjate en el ejemplo.**

◆ Japón | Ja | pón | ◆ pintar | | |

◆ avión | | | ◆ ciudad | | |

◆ llegó | | | ◆ excursión | | | |

2 **Pronuncia en voz alta los nombres de estas cosas. ¿Cuáles son palabras agudas?**

Discriminación auditiva y expresión oral: dividir en sílabas, reconocer la sílaba tónica de las agudas

Pío Baroja nos deja saber lo agradable que es observar el mar en días tranquilos, suaves y con una temperatura agradable. **Dibuja, en un papel, cómo sería el mar en un día totalmente opuesto al que él describe.** ¿Qué palabras utilizarías para describir el mar en tu dibujo?

1 **Lee el poema *Los veinte ratones*.**

Arriba y abajo
por los callejones
pasa una ratita
con veinte ratones.

Unos sin colita
y unos muy colones;
unos sin orejas
y otros orejones;

unos sin patitas
y otros muy patones;

unos sin ojitos
y otros muy ojones;

unos sin narices
y otros narigones;

unos sin hocico
y otros hocicones.

Anónimo

¿Cuántos tipos de ratones van calle arriba y calle abajo por los callejones? **Observa cómo el autor utiliza opuestos para describirlos.**

2 **Fíjate en las siguientes palabras. Escribe, en cursiva, su opuesto en el espacio provisto. Sigue el ejemplo.**

◆ corto *largo*   ◆ rápido _____

◆ feo _____   ◆ aburrido _____

3 **Lee la descripción de la gallina. Escríbela nuevamente, en cursiva. Cambia las palabras ennegrecidas por sus antónimos. ¿Cómo cambia el significado de la oración?**

La gallina **chiquitita** era **ruidosa** de verdad. Sin embargo, se **aburría** y se **dormía** de tanto cacarear.

 **Recuerda:** Cuando una palabra es lo contrario de otra, decimos que es su **antónimo**.

81

Vocabulario: reconocer e identificar antónimos

Antes de describir un lugar, podemos hacer una lista de las cosas que hay en él. Después, podemos añadirle a cada nombre otra palabra que diga cómo es. ¡Así se hace más fácil escribir la descripción!

1 **Observa con cuidado esta lámina. Completa los blancos para hacer una lista de lo que aparece en el dibujo.**

◆ l __ __ __ __ __ a

◆ b __ n __ o __

◆ f __ __ __ __ s

◆ b __ l __

◆ p __ __ __ a

◆ á __ __ __ __ __ s

◆ __ __ ñ __ s

◆ t __ __ __ __ __ s

2 **Ya sabes que los títulos casi siempre nos dicen de qué trata un dibujo o un escrito. ¿Qué título usarías para el dibujo anterior? Escríbelo en el primer espacio del mapa conceptual. Completa los demás espacios del mapa conceptual con los nombres de las cosas que aparecen en el dibujo.**

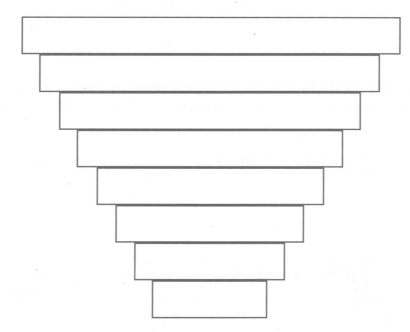

82

3 También podemos hacer la lista de otra manera. **Fíjate** en esta otra ilustración, y **piensa** en lo que ves en el lugar.

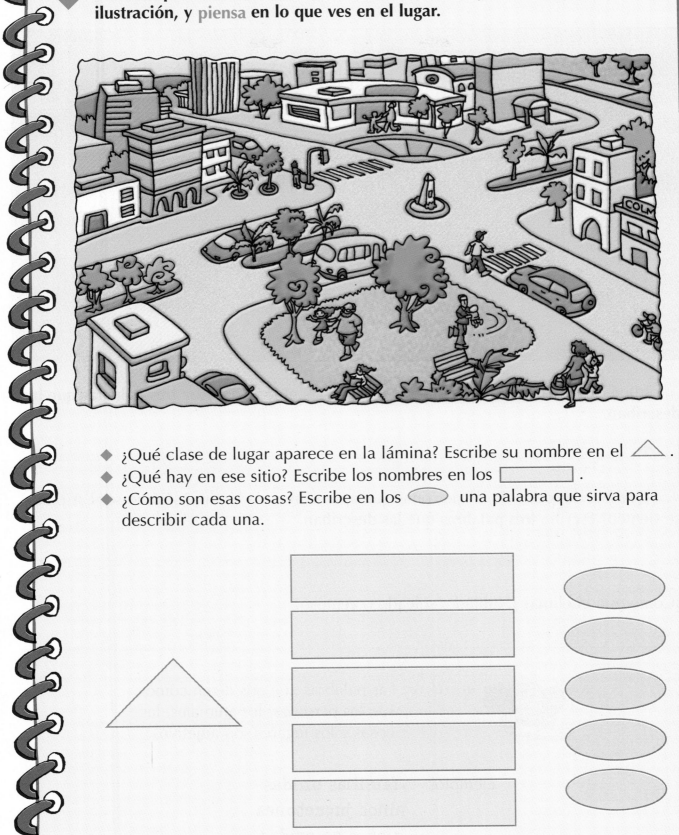

◆ ¿Qué clase de lugar aparece en la lámina? Escribe su nombre en el △ .

◆ ¿Qué hay en ese sitio? Escribe los nombres en los ▭ .

◆ ¿Cómo son esas cosas? Escribe en los ⬭ una palabra que sirva para describir cada una.

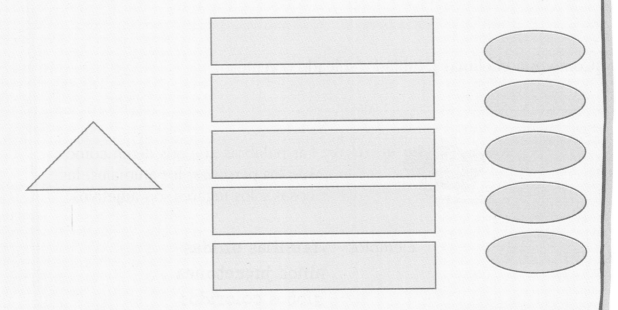

Redacción: elaborar listas y mapas conceptuales

83

Latin Stock México

¿Qué observas en la fotografía? ¿Cómo son los globos? **Escribe tres palabras que los describan.**

_____

¿Qué puedes decir de las personas que aparecen en la lámina? ¿Cómo son? ¿Cómo se sienten? **Escribe tres palabras que las describan.**

_____

¿Cómo está el clima? ¿Nublado, soleado o ventoso?

_____

Recuerda: Las palabras que nos dicen cómo son las personas, los animales, las cosas y los lugares son **adjetivos**.

Ejemplos: familias **unidas**
             niños **juguetones**
             globos **coloridos**

Gramática: reconocer adjetivos

Observa **las siguientes ilustraciones, y** lee **las oraciones.**

El avión es blanco.

La nieve es blanca.

Los adjetivos pueden ser masculinos o femeninos. Como *avión* es un nombre masculino, lo describimos con el adjetivo masculino *blanco*. Y como *nieve* es femenino, usamos el adjetivo femenino *blanca*.

1 Cambia **estos adjetivos a femenino.**

◆ rápido _____   ◆ nevado _____

Algunos adjetivos se pueden usar con nombres masculinos y femeninos.

un cielo **gris**   una nube **gris**

2 Marca, **con una** *X*, **sólo los adjetivos que se pueden usar con nombres masculinos y femeninos.** Fíjate **en los ejemplos.**

azul (**x**)   anaranjada ( )

◆ alegre ( )   ◆ enorme ( )   ◆ colorado ( )   ◆ brillante ( )   ◆ bonita ( )

3 Escribe **un adjetivo del recuadro junto a cada uno de los nombres.**

clara	nublado	triste	estudiosa	feroz	venenosa

◆ niño _____   ◆ agua _____

◆ día _____   ◆ muchacha _____

◆ lobo _____   ◆ serpiente _____

Gramática: concordancia de género entre nombre y adjetivo

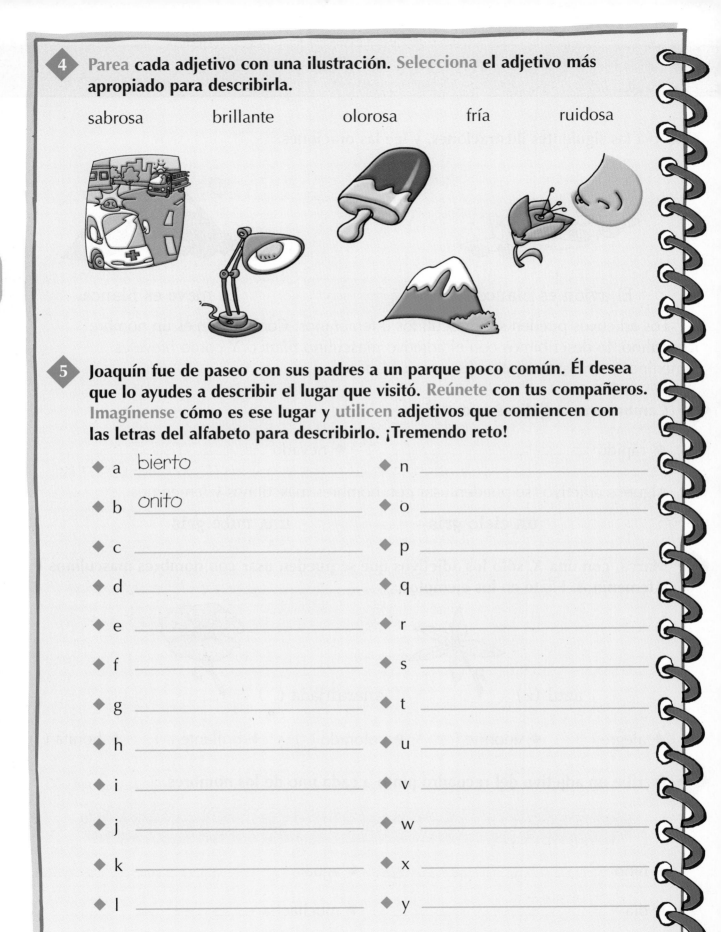

4 Parea cada adjetivo con una ilustración. Selecciona el adjetivo más apropiado para describirla.

sabrosa   brillante   olorosa   fría   ruidosa

5 Joaquín fue de paseo con sus padres a un parque poco común. Él desea que lo ayudes a describir el lugar que visitó. Reúnete con tus compañeros. Imagínense cómo es ese lugar y utilicen adjetivos que comiencen con las letras del alfabeto para describirlo. ¡Tremendo reto!

◆ a   bierto _____
◆ b   onito _____
◆ c _____
◆ d _____
◆ e _____
◆ f _____
◆ g _____
◆ h _____
◆ i _____
◆ j _____
◆ k _____
◆ l _____
◆ m _____

◆ n _____
◆ o _____
◆ p _____
◆ q _____
◆ r _____
◆ s _____
◆ t _____
◆ u _____
◆ v _____
◆ w _____
◆ x _____
◆ y _____
◆ z _____

Lenguaje

Gramática: reconocer nombres y adjetivos

Observa las siguientes palabras agudas:

capitán	tostón	canción	maletín	también

adiós	cafés	revés	compás	atrás

llegará	dibujé	escribí	describió	bambú

olor	dibujar	ciudad	hospital	nariz

¿En qué sílaba tienen la fuerza de pronunciación todas las palabras anteriores?

_____

Discute con tus compañeros qué tienen en común las palabras de cada fila. Luego, **completa** la regla de acentuación para las palabras agudas.

 regla   Las palabras agudas sólo se acentúan _____

_____

1 **Escribe** nuevos ejemplos de palabras agudas según se indique en cada dedito de la mano.

1 Una palabra monosílaba

2 Palabra aguda terminada en *n*.

3 Palabra aguda terminada en *s*.

4 Palabra aguda terminada en vocal.

5 Palabra aguda terminada en otra letra.

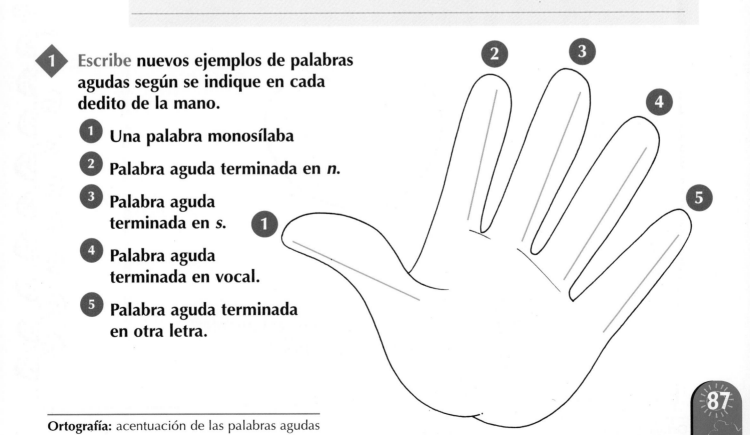

Ortografía: acentuación de las palabras agudas

2 Juega **al maestro,** y **díctale** estas palabras a uno de tus compañeros. Luego, **corrígeselas.** ¿Escribió todos los acentos?

- ◆ botón
- ◆ flamboyán
- ◆ Bayamón

- ◆ gritón
- ◆ chicharrón
- ◆ delfín

- ◆ almacén
- ◆ algún
- ◆ descripción

3 Ahora, **intercambien** papeles. **Pídele** a tu compañero que te dicte estas palabras. **Escribe** los acentos correctamente.

- ◆ ají
- ◆ vendrá
- ◆ comí

- ◆ vivió
- ◆ estudié
- ◆ maulló

- ◆ regresé
- ◆ allá
- ◆ puré

4 Los nombres de estas ilustraciones son palabras agudas. **Pronúncialos** en voz alta, y **escríbelos** en el blanco. **Recuerda** acentuar correctamente.

_____

_____

_____

Revisa: ¿Acentuaste correctamente todas las palabras?

Ortografía: acentuación de las palabras agudas

Los libros de consulta, como los diccionarios y las enciclopedias, son libros en los que podemos conseguir información.

Otro libro de consulta muy útil es el **atlas**. En el atlas, encontramos mapas de diferentes países y continentes.

1 **Observa** este detalle del mapa de nuestra Isla.

2 **Imagínate** que vas en un barco por las costas de Puerto Rico. Sales del puerto de Arecibo, y llegas al de Mayagüez. Con tu dedo índice, **sigue** la ruta del barco en el mapa. Luego, **escribe** los nombres de los pueblos que ves desde el barco mientras viajas de Arecibo a Mayagüez. **Fíjate** en los ejemplos. **Consulta** un mapa para completar la actividad.

1. Arecibo
2. Hatillo
3. _____
4. _____
5. Isabela

6. _____
7. _____
8. _____
9. _____
10. Mayagüez

Destrezas de estudio: uso del atlas

UNIDAD 6
MIS AMIGOS LOS ANIMALES

Pruebas

Estos niños tratan de imitar las sombras chinescas para hacer una representación.

1. **Fíjate en las sombras** y **nombra los animales que ves.**
2. **Luego, fíjate en la parte de** *Pruebas*, y **ensaya cómo se hacen las sombras con la luz de una lámpara.**
3. **Sigue, con un compañero, las instrucciones que te dan las manos. Ensaya al menos dos sombras.**
4. **Jueguen un rato e inventen diálogos para hacer una representación.**

Las fotografías nos muestran cómo son los lugares, animales, objetos o personas. De la misma forma, lo hacen los retratos pintados o una obra de arte. Otros retratos se hacen con palabras, como el del poema sobre un conejo que ahora vas a leer. Por medio de la palabra escrita, también podemos conocer cómo es y qué hace un animal.

Literatura

Mi conejo

Mi conejito es blanco
como una nube.
Corro por la montaña
y allá se sube.

Al pasar por las flores
de los **senderos**,
el **rocío** lo llena
de mil **luceros**.

Sus ojitos rosados
como linternas,
alumbran por los **prados**
flores y yerbas.

Limpio como las aguas
del **riachuelo**
es este conejito
que tanto quiero.

Parece que en las patas
lleva patines
que en vez de cuatro ruedas
tienen cojines.

Isabel Freire de Matos
(puertorriqueña)

senderos: caminos.
rocío: gotitas de agua que aparecen
        en las plantas por la mañana.
luceros: estrellas.
prados: lugares donde crece la yerba con
        la que se alimentan los animales.
riachuelo: río pequeño.

1 **Escribe** una *X* al lado de la mejor contestación.

◆ La piel del conejito se parece a:

la noche. ( )   las nubes. ( )   los luceros. ( )

◆ Las gotitas de rocío parecen:

estrellas. ( )   fuego. ( )   nubes. ( )

2 **Contesta** las preguntas en oraciones completas y con letra cursiva.

◆ ¿Por qué los ojos del conejo se comparan con linternas?

_____

◆ ¿En qué se parece el conejito al riachuelo?

_____

◆ ¿Cómo describirías la personalidad del conejito?

_____

◆ Explica la última estrofa del poema.

_____

3 **Piensa** en un animal. ¿Cuáles son sus características? ¿Cómo lo describirías? **Completa** el mapa conceptual.

• Características físicas •

• Cosas que le gusta hacer •

¿ ?

Nombre del animal

• Características de su personalidad •

• Sus sentimientos •

Comprensión de lectura: identificar detalles, inferir, determinar sentidos figurados, identificar semejanzas

El poema que acabas de leer es un **retrato**. Nos describe a un animal. Es como un dibujo o una foto, pero está hecho con palabras.

Cuando dibujamos o describimos un animal, incluimos sus partes.

El retrato de un perro, por ejemplo, debe incluir su cabeza, su cuerpo, sus patas. ¿Qué partes del conejito se describen en el poema?

Al dibujar o describir, también mostramos cómo son esas partes.

La cabeza del perro que dibujamos puede ser

redonda u ovalada . Su hocico puede

ser largo o corto  . El pelo puede ser oscuro

o claro .

Los retratos también pueden decir qué hacen los animales. Si describimos un perro, podemos mencionar que ladra mucho y corre rápido. O que, cuando está alegre, menea el rabo. ¿Qué cosas hace el conejito del poema?

Por último, los retratos pueden describir el carácter de los animales o decir cómo se sienten.

Al describir una mascota, podemos decir si es tímida o amistosa. También podemos indicar si está triste o alegre. ¿Cómo crees que es el conejito del poema, tranquilo o juguetón? ¿Te parece que se siente feliz? ¿Por qué?

 **Recuerda:** Las descripciones de animales pueden indicar cómo son sus partes, cómo es su carácter y qué hacen.

Teoría literaria: reconocer los elementos de la descripción de animales

1 Observa **las ilustraciones, y** encuentra **diez diferencias.**

2 Menciona **dos adjetivos que sirvan para describir cada animal.**

_____

_____

3 Compara **el gato con el perro.** Di **en qué son iguales, y en qué son diferentes.**

_____

_____

_____

4 ¿Cuál de estos animales podría ser tu mascota? ¿Por qué? ¿Cuál crees que no podría ser tu mascota? ¿Por qué?

_____

_____

95

Análisis de imágenes visuales y expresión oral: identificar diferencias y semejanzas, describir

Lenguaje

Lee, en voz alta, estas palabras. Hemos destacado la sílaba tónica. ¿Recuerdas qué es la sílaba tónica?

perro   o**so**   **ga**to   ca**ba**llo

tigre   mari**po**sa   cu**le**bra   tor**tu**ga

¿Cuál es la sílaba con la fuerza, la última o la que va antes de la última?

1 **Divide** en sílabas estas palabras, y **observa** cómo suena la sílaba destacada.

◆ **va**ca _____ - _____   ◆ i**gua**na _____ - _____ - _____

◆ **sa**po _____ - _____   ◆ cone**ji**to _____ - _____ - _____ - _____

◆ **ca**bra _____ - _____   ◆ ji**ra**fa _____ - _____ - _____

En esas palabras, la fuerza de pronunciación está en la penúltima sílaba. Penúltima significa "antes de la última".

Palabras llanas: palabras que llevan la fuerza de pronunciación en la penúltima sílaba.

2 **Divide** en sílabas estas palabras. **Circula** la sílaba que lleva la fuerza de pronunciación.

◆ foca _____   ◆ camello _____

◆ oveja _____   ◆ ballena _____

Discriminación auditiva y expresión oral: dividir en sílabas, reconocer la sílaba tónica de las llanas

Fíjate en las láminas, y **contesta** las preguntas.

¿Cuáles son los ojitos?   ¿Cuál es grandote?

Ojitos es un **diminutivo**. Los diminutivos usan las terminaciones *-ito* o *-ita*: conej**ito**, boqu**ita**, pat**itas**, lucer**itos**.

Grandote es un **aumentativo**. Los aumentativos llevan las terminaciones *-ote*, *-ota*: animal**ote**, boc**ota**.

1 **Escribe** una *X* al lado del dibujo que corresponde al nombre.

◆ ballenota   (   )   (   )

◆ pececito   (   )   (   )

◆ lagartijito   (   )   (   )

2 **Observa** la ilustración. **Escribe** el aumentativo en la línea izquierda y el diminutivo en la línea derecha.

_____   _____

_____   _____

_____   _____

3 **Escribe** las palabras de las que vienen estas otras. **Usa** letra cursiva.

◆ caballote *caballo*_____   ◆ vaquita _____

◆ cotorrita _____   ◆ hormigota _____

Vocabulario: reconocer claves estructurales, diminutivos y aumentativos

Lenguaje

Los animales son criaturas que debemos cuidar y proteger. Sin embargo, muchas personas los maltratan y los abandonan. ¿Defiendes tú a los animales?

Vinagrito es un gato que un niño encontró tirado en una caja. **Lee el poema para que conozcas su tierna historia.**

Vinagrito es un gatito
que parece de algodón,
es un gato limpiecito,
relamido y juguetón.

Le gustan las sardinas
y es amigo del ratón,
es un gato muy sociable
mi gatito de algodón.

Yo le puse Vinagrito
por estar feo y flaquito,
pero tanto lo cuidé,
que parece Vinagrito
un gatito de papel
Miau, miau, miau, miau,
con cascabel.

Estaba en un cartucho
cuando yo lo recogí,
chiquitito y muerto de hambre,
botado por ahí.

Le di un plato de leche
y se puso tan feliz
que metía los bigotes,
las patas y la nariz.

No se va para el tejado
porque no sabe subir
y sentado en la ventana
mira la Luna salir.

Tradición oral

1 **Piensa** en la vida de Vinagrito. ¿Cómo era la vida del gato antes de que lo recogieran? ¿Y después? **Escribe** adjetivos que lo describan antes y después.

Antes	Después

2 ¿Que opinas de la acción del niño? ¿Permitirían tus padres que recogieras un animal realengo? **Escribe** qué les dirías si no te permitieran llevar a casa un gatito abandonado en una caja.

Redacción: describir animales

3 Seis ciegos, que deseaban saber cómo era un elefante, fueron a visitar un zoológico y pidieron que les permitieran tocarlo. Después de pensar en la parte del elefante que tocó cada uno, **escribe**, en cursiva, con qué crees que lo comparó. **Fíjate** en el ejemplo.

◆ El primero alzó las manos y le tocó la barriga.

—¡Ah! Es áspero y duro como una pared.

◆ El segundo le tocó un colmillo y murmuró:

_____

◆ El tercero, tocándole la trompa, exclamó:

_____

◆ El cuarto, que había tocado el rabo del elefante, dijo:

_____

◆ El quinto se acercó a una oreja, y al sentir el fresco que daba cuando se movía, dijo sonriendo:

_____

◆ Y el sexto, que abrazaba una pata del animal, exclamó:

_____

Revisa: ¿Escribiste una raya antes de lo que dice cada personaje?

Redacción: describir animales, redactar comparaciones figuradas

Los adjetivos sirven para describir a las personas, los animales, las cosas y los lugares. **Fíjate en estas láminas, y en los adjetivos destacados.**

elefante **grande**

flor **amarilla**

mesa **redonda**

¿Cuál adjetivo indica tamaño? _____

¿Cuál se refiere a un color? _____

¿Cuál tiene que ver con la forma? _____

1 **Observa ahora estos dibujos, y marca con una X el adjetivo que describe cada cosa.**

◆ azul ( )

◆ caliente ( )

◆ larga ( )

◆ agrio ( )

◆ estudiosa ( )

◆ rápida ( )

2 **Parea cada niño o niña con la palabra que lo describe.**

estudiosa

triste

enojado

burlón

Gramática: reconocer y clasificar adjetivos calificativos

Fíjate en la diferencia que hay entre las dos ilustraciones, y **lee** las palabras.

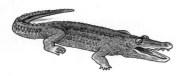

Como *cocodrilo* se refiere a uno solo, para describirlo usamos un adjetivo en **singular**, *verde*. Y como *cocodrilos* se refiere a más de uno, usamos el adjetivo en **plural**, *verdes*.

cocodrilo verde

¿Cómo se formó el plural del adjetivo *verde*?
Completa la regla.

cocodrilos verdes

 Cuando el adjetivo termina en vocal, se añade _____.

Observa cómo se forma el plural de los adjetivos en estos otros ejemplos.
Completa las reglas.

delfín gris

delfines **grises**

 Cuando el adjetivo termina en consonante, se añade _____.

leopardo veloz

leopardos **veloces**

 Cuando el adjetivo termina en *z*, se añade _____.

3 **Escribe** el plural de los siguientes adjetivos. Usa **letra cursiva**.

◆ azul _____   ◆ glotón _____

◆ feroz _____   ◆ rapaz _____

◆ amarillo _____   ◆ astuta _____

Gramática: concordancia de número entre nombre y adjetivo

4 Algunos adjetivos se refieren al tamaño, la forma o el color. Nos dicen cómo se ven las cosas por fuera. **Escribe** los adjetivos de los ejemplos en la columna en que van. **Usa** letra cursiva.

- tronco enorme
- ojos azules
- boca chiquita
- bola redonda
- cara ovalada
- pelo castaño

Color	Forma	Tamaño

5 Otros adjetivos nos dicen cómo huelen las cosas. **Haz** un cerco alrededor de los que tienen que ver con el olor.

- oloroso
- salado
- apestoso
- perfumado
- pequeño

6 Hay adjetivos que nos dicen cómo sentimos las cosas cuando las tocamos con nuestras manos o nuestra piel. ¿Cuáles, de esta lista, se refieren al tacto? **Subráyalos.**

- suave
- blando
- blanco
- áspero
- caliente

7 Subraya los adjetivos que nos dicen cómo pueden saber estas cosas.

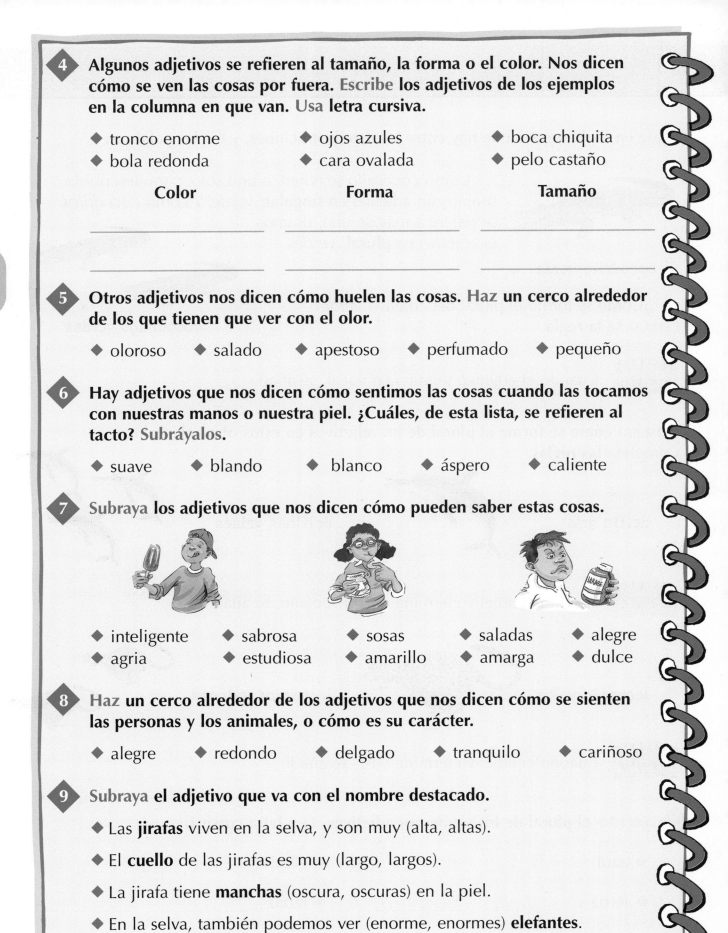

- inteligente
- sabrosa
- sosas
- saladas
- alegre
- agria
- estudiosa
- amarillo
- amarga
- dulce

8 **Haz** un cerco alrededor de los adjetivos que nos dicen cómo se sienten las personas y los animales, o cómo es su carácter.

- alegre
- redondo
- delgado
- tranquilo
- cariñoso

9 Subraya el adjetivo que va con el nombre destacado.

- Las **jirafas** viven en la selva, y son muy (alta, altas).
- El **cuello** de las jirafas es muy (largo, largos).
- La jirafa tiene **manchas** (oscura, oscuras) en la piel.
- En la selva, también podemos ver (enorme, enormes) **elefantes**.
- La **piel** de los elefantes es (áspera y gris, ásperas y grises).

Gramática: reconocer y clasificar adjetivos calificativos, concordancia de número entre nombre y adjetivo

Ya sabes que las palabras **llanas** llevan la fuerza de pronunciación en la penúltima sílaba. Estas palabras son llanas. **Colorea la sílaba que lleva la fuerza. Observa el ejemplo.**

| pa | lo | ma | | pe | lo | | co | rre | | ni | do | | hor | mi | ga |

 regla Las palabras llanas que terminan en vocal **no** llevan acento escrito.

Fíjate ahora en estas otras palabras llanas. Divídelas en sílabas, y encierra la sílaba fuerte.

 patas _____

 arañas _____

plumas _____

alas _____

 regla Las palabras llanas terminadas en *s* **no** se acentúan.

Todas estas palabras son llanas. **Colorea la sílaba tónica de las que acaban en *n*.**

corren   dientes   vuelan   abdomen   abeja

 regla Las palabras llanas que terminan en *n* **no** se acentúan.

Observa, por último, estas palabras. Fíjate en la sílaba destacada, y pronúncialas en voz alta.

débil   **ár**bol   in**mó**vil   **ál**bum   ca**rác**ter

Casi todas las llanas terminan en vocal, *n* o *s*, y no se acentúan. Entonces, ¿cuándo se acentúan las llanas? **Completa la regla.**

 regla Las palabras llanas se acentúan _____

_____

_____

Ortografía: acentuación de las llanas

1 **Lee las adivinanzas. ¿A qué animal se refiere cada una?** Luego, **completa el crucigrama con el nombre del animal correspondiente.** Todos los nombres son palabras llanas.

Horizontales

1. Tienen famosa memoria,
buen olfato y dura piel,
y las mayores narices que
en el mundo puedas ver.
¿Quiénes son?

3. Tengo traje verde,
todo arrugadito,
lo lavo en los charcos,
lo seco al solecito.
¿Quién soy?

5. Muchas damas en un agujero,
todas vestidas de negro.

Verticales

2. Tiene corona y no es rey,
espuelas y no es caballero,
canta siempre en la mañana
bien que despierta a su dueño.

4. En el estanque me admiran,
por mi elegancia y belleza.
Tengo cuello largo y fino
y muy bonita cabeza.

6. Corre mucho cuando es joven,
pero también cuando es viejo;
se cansa quien le persigue
porque se escapa el...

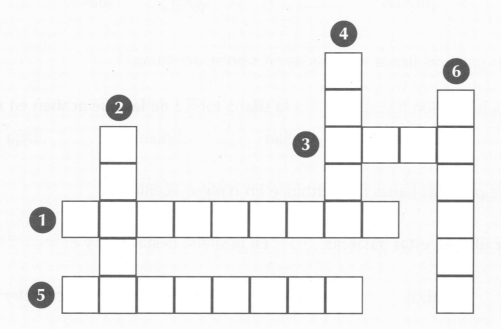

Revisa: ¿Escribiste correctamente todos los nombres?

Ortografía: acentuación de las llanas

Lenguaje

Como te regalaron un perrito, necesitas buscar información acerca de cómo cuidarlo. En la biblioteca, encuentras un libro sobre los cuidados del perro. Al leer el título del libro, sabes que en él puedes encontrar la información.

El cuidado del perro

Hay muchas razas de perros. ¿Cómo saber en qué página encontrarás la información sobre el tuyo? Por suerte, ¡no tienes que buscar página por página! Las respuestas a esas preguntas las puedes encontrar en el **índice** del libro.

Los índices te dicen los títulos de los capítulos o las secciones en que se divide un libro.

También te dicen en qué página empieza cada capítulo.

1 **Contesta las siguientes preguntas.**

◆ ¿En qué capítulo encontrarás información sobre el dálmata?

◆ ¿En qué página empieza el Capítulo 4?

◆ ¿Cuál es el tema de ese capítulo?

◆ ¿De qué trata el Capítulo 5?

Destrezas de estudio: uso de los índices, reconocer relación tema-título

REPASO

1 **Escribe, en cursiva, como te llamarías si hubieras nacido en ese pueblo.**

◆ Arecibo _____ ◆ Mayagüez _____

2 **Menciona el antónimo de cada palabra.**

◆ aburrido ◆ desordenado ◆ infeliz ◆ caro

3 **Escribe el diminutivo de cada palabra. Usa letra cursiva.**

carro _____ casa _____

4 **Escribe el aumentativo de cada palabra. Usa letra cursiva.**

libro _____ mariposa _____

5 **Subraya los nombres propios. Encierra las letras que deben ser mayúsculas.**

◆ continente ◆ país ◆ estudiante

◆ australia ◆ méxico ◆ waleska

6 **Haz un cerco alrededor de los nombres femeninos.**

◆ ciudad ◆ vaca ◆ doctora ◆ pueblo ◆ pupitre

7 **Colorea los recuadros que tienen adjetivos.**

| bonito | tranquilo | perro | caliente | sabroso | palma |
| Sol | brillante | alegre | dentista | rubia | divertido |

8 **Añade un adjetivo a cada uno de estos nombres.**

◆ asignación _____ ◆ día _____

◆ juguetes _____ ◆ películas _____

9 **Pronuncia en voz alta estas palabras agudas y acentúalas correctamente.**

◆ pilon ◆ coqui ◆ veintidos ◆ mama ◆ huracan

10 **Las siguientes palabras son llanas. Pronúncialas en voz alta, y escríbeles el acento.**

◆ Perez ◆ facil ◆ util ◆ Rodriguez ◆ carcel

PROYECTO

1 **Lee** el siguiente poema. Luego, **ayuda** al pájaro de la ilustración a encontrar su nido.

Amemos las aves que alegran la tierra
y cruzan volando la atmósfera azul.
¡Son flores con alas y estrellas canoras!
¡Son hijas felices del aire y la luz!

¿Qué fueran los bosques sin aves, sin nidos,
sin plantas vivientes, sin himnos al Sol,
sin alas que vuelan de un árbol a otro,
sin trinos, gorjeos y cantos de amor?

Amemos las aves, viajeras del cielo,
y al bosque do tienen su patria y su bien:
¡Qué nadie moleste los dulces cantores,
ni al árbol donde hallan abrigo y sostén!

Manuel Fernández Juncos
(español)

2 **Comenta** con tus compañeros: ¿Por qué debemos amar y proteger las aves?

3 **Recorta,** en revistas o periódicos, láminas y dibujos de diferentes aves. Luego, **pégalas** en papel de construcción de distintos colores y **forma** con ellas un colage. **Acompaña** tu colage con un párrafo sobre por qué debemos amar y proteger las aves.

4 **Prepara** varias tarjetas grandes y **coloca** en cada una la lámina o dibujo de un pájaro de Puerto Rico. **Escribe** sus nombres y **busca** información sobre cómo son, de qué se alimentan, dónde viven y cómo podemos cuidarlas. Luego, **preséntalas** a tus compañeros en clase. Finalmente, **exhíbelas** en tu salón o en la biblioteca.

¡Amemos las aves!

MI GENTE

Mayra Santos-Febres nació en 1966. Ha publicado cuentos, poemas y ensayos. Dio a conocer su primera colección de cuentos en 1994 cuando ganó el certamen Letras de Oro.

Chayanne nació en Río Piedras en 1968. Se inició en la música desde muy niño y formó parte del proyecto *Los Chicos* hasta 1983, cuando decidió ser solista. Hoy día, es figura de impacto en el *pop* contemporáneo.

Roberto Clemente nació en Carolina en 1934. Desde niño se distinguió por su alto sentido humanitario. Luciendo el número 21 de los *Piratas de Pittsburg,* se distinguió como el primer jugador latinoamericano de béisbol.

La misión de Sor Isolina Ferré fue rescatar a quienes sufrían en Estados Unidos y en Puerto Rico, su patria. Se dedicó a fortalecer la autoestima de niños y jóvenes para, de esta forma, evitar la violencia. Hoy existen cinco Centros Sor Isolina Ferré.

 EXPLORACIÓN

En este álbum, hay fotografías de personas reconocidas en Puerto Rico por lo que han hecho durante su vida.

1. **Imagina** que vas a imponer una **medalla a cada una de ellas. Inventa** y **dibuja un símbolo que identifique el trabajo que ha realizado cada una.** Será más fácil para ti dibujar el símbolo si lees el pie de la foto.

2. **En el espacio en blanco, pega** una **foto de tu personaje puertorriqueño favorito. Explica por qué es tu favorito.**

El mayor valor de un país es su gente. Y nuestra Isla, Puerto Rico, está bendita con gente talentosa que hace grandes cosas. ¿Cuántos puertorriqueños famosos e inteligentes conoces? A continuación, leerás la historia de un puertorriqueño que conquistó la montaña más alta de la Tierra.

Epopeya boricua en el techo del mundo
(adaptación)

La Crosse, Wisconsin - Hace escasamente 14 días se encontraba a 29,000 pies de altura **ondeando** la bandera de Puerto Rico y sintiendo un gran orgullo de ser el primer puertorriqueño en llegar hasta la **cumbre** de la montaña más alta de la Tierra: el Monte Everest.

"Lo llevaba pensando desde agosto de 2000. Finalmente me decidí porque pensé que si no lo hacía ahora, después, **recapitulando** sobre las cosas que uno ha hecho en la vida, me iba a arrepentir", comentó Bird.

Bird llegó a la **cima** exactamente a las 10:40 a.m. del 16 de mayo de 2002.

"...uno mira para abajo y ve las montañas bien chiquitas. Es un sentido de que uno está en el aire, que no hay nada aguantándote más que un poquito de tierra", recordó el doctor Bird.

Una vez arriba, comenzó a ondear la bandera de Puerto Rico con orgullo.

Según explicó el Dr. Bird, hay un altar en la cumbre, donde se encuentran las banderas de los lugares de origen de los alpinistas que han llegado hasta la cima.

"Me sentí muy orgulloso por mi patria. Comprendí que cuando uno se dispone a hacer algo, lo hace. El puertorriqueño se recrece en tiempos difíciles", dijo el médico quien formó parte de un récord ya que ese día unas 54 personas llegaron a la cima, la mayor cantidad en la historia.

Reproducción de fotografía propiedad de El Nuevo Día (Lino M. Prieto)

Tomado de *El Nuevo Día*
Marga Parés Arroyo, Reportera
(puertorriqueña)

epopeya: hazaña.
ondeando: agitando.
cumbre: pico.
recapitulando: resumiendo.
cima: tope de la montaña.

1 **Subraya la mejor contestación.**

◆ La lectura nos:

cuenta la historia de alguien.

describe a los puertorriqueños.

narra una historia irreal.

◆ La lectura trata sobre:

los puertorriqueños que viven en el extranjero.

las profesiones de los puertorriqueños.

la hazaña de un puertorriqueño.

◆ Esta lectura se puede clasificar como:

un cuento.

una entrevista.

un artículo periodístico.

◆ Otro título que podría llevar la lectura es:

Un puertorriqueño conquista el mundo

Un boricua en el tope del mundo

Un puertorriqueño llega al Monte Everest

2 **Contesta oralmente las siguientes preguntas:**

◆ ¿Dónde se lleva a cabo la entrevista?
◆ ¿En qué consistió la hazaña del Dr. Bird?
◆ ¿Qué lo decidió para llevar a cabo esa hazaña?
◆ ¿Por qué crees que la bandera de Puerto Rico fue parte del equipo que el Dr. Bird llevó a su aventura?
◆ ¿Cómo dice el Dr. Bird que es el puertorriqueño?
◆ ¿Crees que él es ejemplo de esa descripción? ¿Por qué?

3 **Investiga cuál es el equipo que necesita un alpinista.**

Comprensión de lectura: identificar detalles, determinar tema, evaluar personajes, inferir, concluir

Ya sabes que los **retratos** son dibujos, fotos o descripciones de una persona o de un animal.

Casi siempre, la descripción de una persona menciona algunas **partes** de ella, y nos dice **cómo son**. También puede decir cómo es su cuerpo entero. **Observa qué puede incluir la descripción del aspecto físico de Denise Quiñones, nuestra Miss Universo 2001.**

Reproducción de fotografía propiedad de El Nuevo Día (Mariel Mejía Ortiz)

Partes del cuerpo	Cómo son
pelo	castaño
ojos	negros
nariz	pequeña
sonrisa	alegre
piel	blanca

Muchas veces, las descripciones de personas también dicen cómo es su **carácter**. Nos pueden indicar si son tranquilos o traviesos, tímidos o amistosos, serios o graciosos. En la lectura, la reportera no nos dice directamente cómo es el carácter del Dr. Bird, pero podemos inferirlo por su comportamiento. ¿Cómo dirías que es?

Los retratos también nos pueden decir **qué hacen** las personas. El retrato de una niña puede mencionar que es estudiante de tercer grado. También puede decir cuáles son sus pasatiempos: correr bicicleta, pintar y leer.

Teoría literaria: reconocer los elementos del retrato físico y moral

Fíjate en esta foto. Son niñas y niños de tercer grado. **Observa sus caras, cómo se peinan y se visten, y qué hacen.**

1 ¿Cómo dirías que es cada uno de estos niños? Puedes usar tus propias palabras o algunos de los adjetivos que siguen para describirlas.

alegre	valiente	inteligente	cobarde	tramposa
estudioso	orgullosa	amistoso	gracioso	cariñosa
traviesa	peleona	simpática	malcriada	antipático
burlón	sencillo	egoísta	vanidoso	generoso

2 Contesta **oralmente.**

◆ ¿Se parece alguno de los niños de la foto a algún amigo tuyo?

◆ ¿Te gustaría que uno de ellos fuera tu amigo? ¿Cuál? ¿Por qué?

◆ ¿Eres como alguno de ellos? ¡Puedes mencionar más de uno!

◆ ¿Te gustaría ser como alguno de ellos? ¿Como cuál? ¿Por qué?

Análisis de imágenes visuales y expresión oral: identificar semejanzas y diferencias, evaluar personajes, concluir

Lee, en voz alta, estas palabras. Observa, con cuidado, la sílaba destacada. Luego, léelas de nuevo, separadas en sílabas.

físico

fí	si	co

caracte**rís**ticas

ca	rac	te	**rís**	ti	cas

sim**pá**tica

sim	**pá**	ti	ca

¿En qué sílaba tienen la fuerza de pronunciación? **Subraya la contestación correcta.**

última   penúltima   antepenúltima

Las palabras de la lista anterior son **esdrújulas**.

Palabras esdrújulas: tienen la fuerza de pronunciación en la antepenúltima sílaba.

1 **Estas palabras son esdrújulas. Léelas, en voz alta, y colorea la sílaba tónica. Sigue el ejemplo.**

trián	gu	lo

cír	cu	lo

pá	ja	ro

te	lé	fo	no

2 **Lee, en voz alta, estas otras palabras esdrújulas. Divídelas en sílabas, y encierra la sílaba tónica.**

◆ cómico (có) – mi – co

◆ número ____ ____ ____

◆ último ____ ____ ____

◆ película ____ ____ ____

◆ difíciles ____ ____ ____

◆ médico ____ ____ ____

Discriminación auditiva y expresión oral: dividir en sílabas, reconocer la sílaba tónica de las palabras esdrújulas

Mayra Santos es una escritora puertorriqueña. Ella ha escrito muchos libros. ¿Sabías que la palabra *libro* tiene familia? **Observa los dibujos y las palabras.** ¡Conoce la familia del libro!

El Vocero / Lenguaje

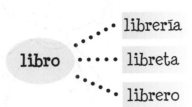

libro
· librería
· libreta
· librero

Las palabras *librería*, *libreta* y *librero* vienen de libro. Decimos que libro es una palabra **primitiva**, y que las otras son palabras **derivadas**.

Mayra Santos

1 **Subraya las palabras derivadas de la palabra destacada.**

◆ **montaña**	montañismo	montañero	montura
◆ **bandera**	banda	abanderado	banderín
◆ **aventura**	aventurero	aventajar	aventurar

2 **Como sabes, las terminaciones *-ero*, *-era*, *-or*, *-ora* e *-ista* se usan en palabras que indican a qué se dedica la persona. Escribe, en cursiva, palabras derivadas con esas terminaciones.**

AP/Wide World Photos

baloncesto

_____

Piculín Ortiz

pelota

_____

Iván Rodríguez

escritura

_____

Enrique Laguerre

animación

_____

María Chuzema

3 **En las siguientes palabras, las terminaciones *-ería* y *-ero* significan lugar. Escribe la palabra primitiva de la que se deriva cada una.**

◆ pizzería _____   ◆ basurero _____

Vocabulario: reconocer claves estructurales, distinguir palabras primitivas y derivadas

 Fíjate en las palabras destacadas. Sirven para describir a un niño puertorriqueño llamado Andrés.

Andrés es **bajito** y **gordito**. Su pelo es **rizo** y muy **rubio**. Su piel es tan **pálida** que casi parece transparente. Sus ojos, **grandes** y **claros**, siempre parecen **alegres**. Según de grandes los ojos, es de **chiquita** y **chata** su nariz.

Andrés es muy **simpático**, pero **infantil**. Se pasa haciendo travesuras. Le gusta **oír música**, **jugar pelota** e **ir a la playa**. Es **generoso**: siempre comparte lo que tiene.

 Sigue las claves y **llena** los blancos que aparecen en las figuras. **Usa** las palabras destacadas en el párrafo anterior.

En el △, escribe el nombre del niño que se describe.

En los ▭, escribe los nombres de las partes de su cuerpo que se describen.

En los ⬭, escribe las palabras que describen cada parte.

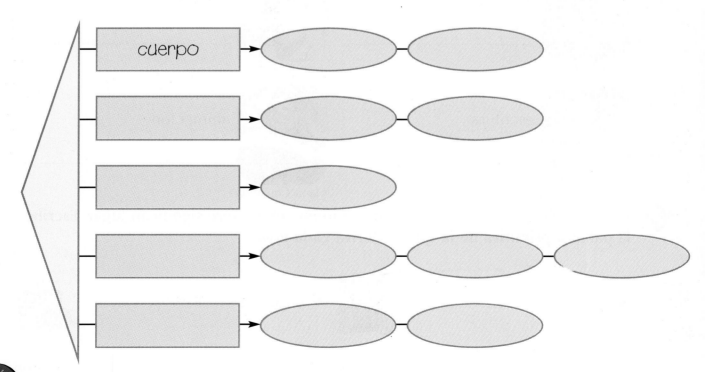

cuerpo

Lenguaje

116

Redacción: elaborar mapas conceptuales, describir personas, distinguir detalles

3 Completa los diagramas, usando las palabras destacadas del párrafo anterior. Junto al corazón, escribe cómo es Andrés por dentro. Junto a la estrella, escribe lo que le gusta hacer a Andrés.

_____

_____

_____

4 Escribe lo contrario de estas frases. Observa el ejemplo.

◆ un niño bajito y gordito _un niño alto y flaco_

◆ pelo rizo y claro _____

◆ ojos grandes y alegres _____

◆ nariz chata y pequeña _____

5 Al describir, podemos comparar cosas que se parecen. Parea las cosas de la primera columna con las de la segunda columna que se parecen. Luego, escribe oraciones con esas frases. Usa letra cursiva. Sigue el ejemplo.

pelo rubio		una torre
ojos negros	**como**	una nuez
una muchacha alta		la noche
nariz pequeña		el Sol

La muchacha tiene los ojos negros como la noche.

_____

_____

_____

Revisa: ¿Escribiste las mayúsculas y los puntos?

Redacción: hacer comparaciones directas, describir personas, elaborar mapas conceptuales

Observa las palabras destacadas.

Revista Vea / Ricky Martin

el cantante

Revista Vea / Fiel a la Vega

los cantantes

la bandera

las banderas

Las palabras *el*, *los*, *la* y *las*, que colocamos antes de los nombres, son **artículos**. Los artículos nos dicen si el nombre es masculino o femenino.

Masculino

el artesano

Femenino

la artesana

Los artículos también nos dicen si el nombre se refiere a una cosa o persona, o a más de una.

Singular

el músico   **la** bailarina

Plural

los músicos   **las** bailarinas

Fíjate ahora en estas otras frases.

un estudiante   **una** estudiante   **unos** estudiantes   **unas** estudiantes

Las palabras *un*, *unos*, *una* y *unas* también son artículos.

Gramática: identificar el artículo, reconocer la concordancia entre nombre y artículo

Observa **la palabra destacada en la siguiente oración.**

Éste es el premio **del** cantante.

Cuando la palabra *de* va seguida del artículo *el*, ambas palabras se unen y forman la palabra *del*. **Observa que al unirse se pierde una** *e*:

de + el = del

Reproducción de fotografía propiedad de Primera Hora (José Reyes)

Wilkins

Ahora, observa la palabra destacada en esta otra oración.

Fuimos **al** concierto de Luis Fonsi.

Cuando la palabra *a* coincide con el artículo *el*, ambas palabras se unen y forman la palabra *al*. **Observa que al unirse se pierde la letra** *e*:

a + el = al

Revista Vea

Luis Fonsi

Fíjate qué sucede si las palabras *a* y *de* van seguidas de los artículos *la, los* o *las*.

Le dieron un Oscar **a la** actriz Rita Moreno.

Estudié **a los** hombres ilustres de Bayamón.

La entrevista a Wilkins será **a las** tres de la tarde.

Ana María

Latin Stock México

El don **de la** voz ha llevado lejos a Ana María.

Estuvimos en el Desfile **de los** puertorriqueños en Nueva York.

Marisol es una **de las** puertorriqueñas que ganó el concurso Miss Universo.

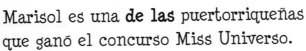

Latin Stock México

Rita Moreno

En estos casos, las palabras *a* y *de* permanecen separadas de los artículos *la, los* y *las*.

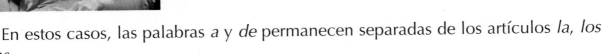

Gramática: contracción del artículo

1 ¿Cuáles de estas frases se refieren a más de uno? Márcalas con una **X**.

- unas reinas ( )   - los actores ( )   - la diseñadora ( )
- un cantante ( )   - las modelos ( )   - unos niños ( )

2 Escribe *el*, *la*, *los* o *las* antes de las siguientes palabras.

_____ boticario   _____ creatividad   _____ orgullo

_____ gente   _____ esculturas   _____ trabajos

3 Cambia a masculino estas frases. Usa **letra cursiva**. **Sigue el ejemplo.**

- las hijas   *los hijos*   - las dentistas _____
- las atletas _____   - la maestra _____

4 ¿Puedes parear los artículos con las palabras de la segunda columna?

- la   pico

- un   bandera

- los   montañas

- unas   montañistas

5 Completa las oraciones con las palabras *del* o *al*, según sea necesario.

- Logramos entrar _____ juego de pelota.

- La industria _____ cine en Puerto Rico está creciendo.

- Le hicieron un reconocimiento _____ compositor Rafael Hernández.

- Tito Puente es el Rey _____ Timbal.

Revista Vea

Luis Fonsi

Lenguaje

Lee en voz alta estas palabras. Luego, colorea la sílaba que lleva la fuerza.

mú si ca   ú ni co   pú bli co   cá li do

¿Cómo se llaman las palabras que llevan la fuerza de pronunciación en esta sílaba?

Las siguientes palabras tienen la sílaba tónica destacada. Subraya aquellas que sean esdrújulas.

◆ fan - **tás** - ti - co   ◆ co - ra - **zón**

◆ **tí** - tu - lo   ◆ es - pa - **ñol**

◆ bo - **ri** - cua   ◆ pa - **ís**

◆ **glo** - ria   ◆ **ó** - pe - ra

Ahora, fíjate en las siguientes palabras. Todas son esdrújulas. **Haz un cerco alrededor de la sílaba tónica.** ¿Qué observas?

◆ **é** - xi - to   ◆ his - **tó** - ri - co

◆ **má** - xi - mo   ◆ A - **mé** - ri - ca

◆ ro - **mán** - ti - co   ◆ pe - **lí** - cu - la

◆ tu - **rís** - ti - co   ◆ es - pec - **tá** - cu - lo

¿Cúando se acentúan las palabras esdrújulas? **Completa la regla.**

regla

Las palabras esdrújulas _____

_____

Ortografía: acentuación de las palabras esdrújulas

121

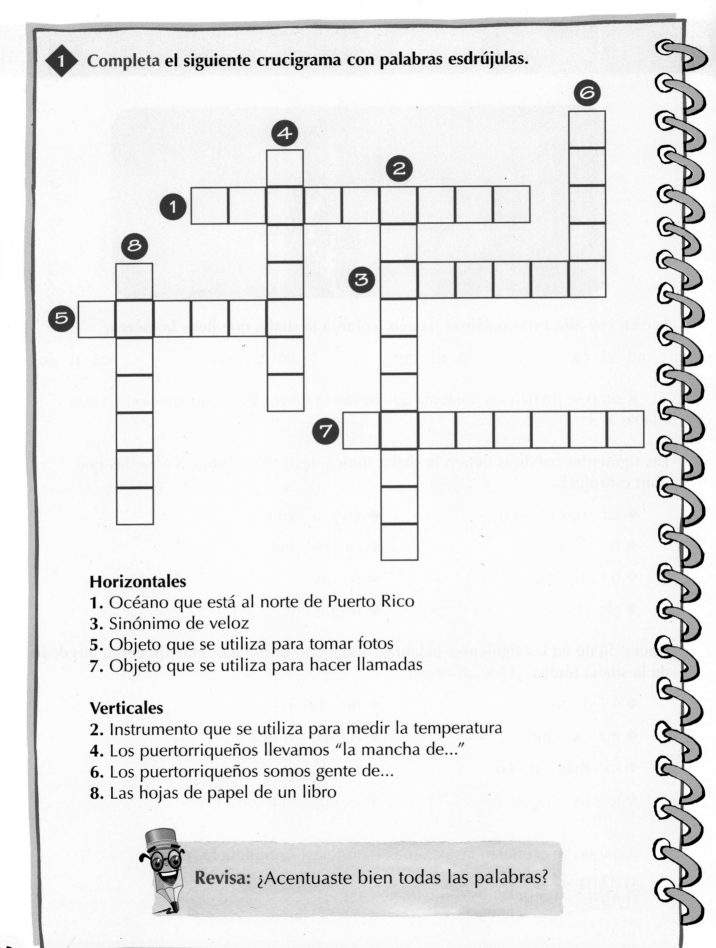

1 Completa **el siguiente crucigrama con palabras esdrújulas.**

Horizontales

1. Océano que está al norte de Puerto Rico

3. Sinónimo de veloz

5. Objeto que se utiliza para tomar fotos

7. Objeto que se utiliza para hacer llamadas

Verticales

2. Instrumento que se utiliza para medir la temperatura

4. Los puertorriqueños llevamos "la mancha de..."

6. Los puertorriqueños somos gente de...

8. Las hojas de papel de un libro

Revisa: ¿Acentuaste bien todas las palabras?

Ortografía: acentuación de las palabras esdrújulas

María colecciona fotos y biografías de puertorriqueños famosos. Como tiene muchas, ha decidido colocarlas en orden alfabético en un álbum que le regaló su mamá. Así se le hará más fácil encontrar una cuando la necesite.

Si los nombres aparecen en el orden del alfabeto, fíjate en la primera letra de cada nombre. Los que empiezan con *a*, vienen antes que los que comienzan con *b*. Los que empiezan con *b* vienen antes que los que comienzan con *c*, y así sucesivamente.

Alberto   Braulio   Cucco   Domingo   Esaí   Francisco

1 **Encierra la primera letra de cada nombre. Luego, numera los nombres en el orden en que deben aparecer en el álbum. Usa el 1 para el primero.**

_____ Nydia   _____ Cordelia   _____ Marisol

_____ Julio   _____ Benicio   _____ Antonia

Cuando hay dos o más nombres que empiezan con la misma letra, tenemos que buscar la segunda letra.

Rafael   René   Rita   Rosario   Rubén

2 **Encierra la segunda letra. Luego, escribe las palabras en el orden en que van. Usa letra cursiva.**

◆ Ángelo   ◆ Abelardo   ◆ Adamari

1 _____   2 _____   3 _____

Cuando las dos primeras letras son iguales, debemos buscar la tercera, y así sucesivamente.

Dagmar   Daniel   David   Dayanara

3 **¿Cuál de los nombres iría primero? Subráyalo.**

◆ Edgardo   ◆ Ednita   ◆ Edmundo   ◆ Eddie

123

Destrezas de estudio: ordenar alfabéticamente

alta**web** city

NUEVO   TITULARES   POPULAR

ATRÁS   ADELANTE

http//:www.musicapr.com

El güiro está hecho de calabaza de marimba. Lo heredamos de los taínos.

El güiro suena así

_____.

El barril es el tambor principal y el instrumento que marca el ritmo en el baile de la bomba puertorriqueña. Este tambor, llamado bomba, está hecho de madera y cubierto con piel de cabra, y suena así:

_____.

El ritmo de la plena se forjó con la combinación sonora de los panderos. El pandero consta de un aro de metal cubierto con un parche de cuero de cabra.

El pandero suena así:

_____.

Ésta es una página de la Internet que tiene información sobre nuestra música.

1. **Lee** la información sobre la bomba, el güiro y el pandero, y **escribe** el sonido correspondiente.
2. El coquí puertorriqueño canta *coquí* al atardecer y cambia su canto por *co-qui-qui-qui* al amanecer. **Escribe el canto del coquí de acuerdo con la información que acabas de leer.**
3. **Escríbele** a la cotorra las primeras palabras de la canción que más te gusta cantar en la ducha.
4. **Conoce** más sobre la música de tu Isla en http://www.elboricua.com

A través de la computadora, puedes acceder a la Internet. En esta unidad, conocerás un poco más sobre lo que es una computadora, su origen y sobre lo que esta máquina puede hacer.

La computadora

La ciencia que agrupa todos los conocimientos relacionados con las computadoras se conoce como *informática*. Esta palabra surge de la expresión "**infor**mación auto**mática**".

Actualmente, vivimos en la Era de la Informática. La información, su **adquisición** y manejo son los elementos de mayor importancia en nuestra sociedad. La computadora es la herramienta principal para lograr esto.

Una computadora es una máquina **electrónica** capaz de **procesar** datos de forma independiente. Es decir, puede registrar, ordenar, analizar y entregar información, basada en los datos que se le proporcionen. Para este propósito, la computadora recibe una serie de instrucciones conocidas con el nombre de *programación* o *software*.

La programación y los datos que se le suministran a la computadora se guardan en su *memoria* o *disco duro*.

La computadora es **incapaz** de pensar o razonar por sí misma, pero sí puede seguir modelos de **razonamiento** que simulan el pensamiento humano. A esta ciencia se le conoce como *Inteligencia artificial*.

Todos somos **impactados** por las computadoras de una forma u otra. Es importante conocer su estructura, funcionamiento y operación para mantenernos al día en las comunicaciones, como estudiantes y ciudadanos.

adquisición: lograr conseguirla, tenerla.
electrónica: que funciona por cargas eléctricas.
procesar: someter los datos a un programa específico.
incapaz: no tiene la capacidad.

razonamiento: pensar o relacionar las cosas correctamente.
impactados: afectados de una forma positiva o negativa.

1 Responde **oralmente a estas preguntas.**

➤ ¿Qué es una computadora?
➤ ¿Qué es un programa de computadora?
➤ ¿Qué cosas puede hacer una computadora?
➤ ¿A qué se le conoce como *Inteligencia artificial*? ¿Por qué?
➤ ¿Qué entiendes por la Era de la Informática?
➤ ¿Por qué es importante conocer sobre la computadora?

2 Ordena **la información que aparece en la lectura.** Ponle **un uno a la que va primero.**

_____ La programación y los datos que se le suministran a la computadora se guardan en el disco duro.
_____ Vivimos en la Era de la Informática.
_____ La computadora es una máquina electrónica capaz de procesar datos.
_____ Todos somos impactados por las computadoras.
_____ La computadora es incapaz de pensar por sí misma.

3 Lee **este párrafo. Luego,** subraya **la frase que nos dice de qué trata o cuál es su tema.**

En 1833, el matemático inglés Charles Babbage comenzó a trabajar en una máquina que podía hacer todo tipo de cálculos matemáticos, guardar números y resultados. Esta máquina utilizaba tarjetas perforadas para manejar información. Las ideas de Babbage fueron la base de la computadora actual. Por esa razón, a Babbage se le considera como el "Padre de la computadora".

Latin Stock México

◆ La computadora hace cálculos matemáticos

◆ La computadora actual

◆ Las tarjetas perforadas

◆ El origen de la computadora

4 Escribe **en letra cursiva el tema que escogiste.**

El tema del párrafo es _____

_____

_____

Comprensión de lectura: identificar detalles, reconocer relaciones de causa y efecto, determinar tema

En muchos escritos, aparecen descripciones como la de la lectura anterior. Este tipo de descripción, llamado **exposición**, lo encontramos en las enciclopedias, y en algunos libros de la escuela, como los de Ciencias y Estudios Sociales.

Los mensajes expositivos no buscan entretenernos o divertirnos. Su propósito es brindarnos información. Con la lectura sobre la computadora, podemos aprender qué es una computadora y para qué sirve.

En los textos expositivos, los sucesos o personajes que se describen no son imaginarios, inventados por un escritor. Los textos expositivos nos informan sólo de cosas y hechos del mundo real.

En ellos, podemos aprender sobre los países del mundo  ,

la gente  , los animales , las plantas , los planetas

 y muchísimas otras cosas del mundo que nos rodea. También nos enseñan

cosas y sucesos del pasado, como los dinosaurios y los

primeros viajes a la Luna

Recuerda: Los escritos expositivos nos informan sobre cosas y hechos del mundo real.

Teoría literaria: reconocer los elementos de la exposición

Ya sabes que la computadora procesa los datos que se le proporcionan y produce un resultado final. **Ahora, observa la siguiente ilustración.**

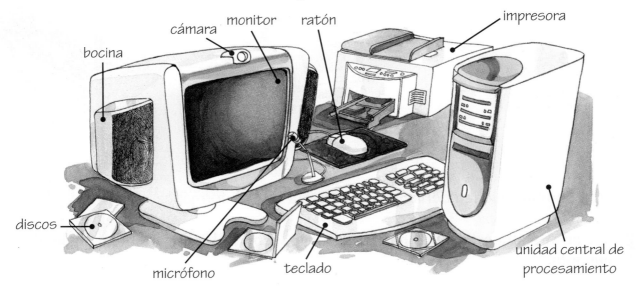

Todas las partes que aparecen en la ilustración pueden clasificarse en tres tipos:

Dispositivos de entrada: por donde se entran los datos que la computadora va a procesar

Dispositivos de salida: por donde se ven los resultados que produce la computadora

Dispositivos de almacenamiento: donde se guarda la información que se maneja en la computadora

Fíjate en las partes que componen la computadora de la ilustración anterior y completa la tabla, clasificándolas según sean dispositivos de entrada, de salida o de almacenamiento.

Dispositivos de entrada	Dispositivos de salida	Dispositivos de almacenamiento

Análisis de imágenes visuales y expresión oral: clasificar de acuerdo con distintos criterios

¿Puedes nombrar lo que aparece en los dibujos?

_____ _____ _____

Esos nombres vienen del lenguaje de la Era de la Informática.

1 **Lee** **en voz alta estas otras palabras. Luego,** **subraya** **la sílaba tónica.** **Sigue el ejemplo.**

- <u>da</u> tos
- for ma
- pan ta lla
- me mo ria

- dis co
- te cla do
- pro ce so
- pro gra ma

¿Cuál es la sílaba tónica, la última o la penúltima? ¿Cómo se llaman las palabras que tienen la fuerza en esa sílaba?

2 **Divide** **estas palabras en sílabas. Luego,** **haz** **un cerco alrededor de la sílaba tónica.**

- función _____ _____
- monitor _____ _____
- inglés _____ _____
- ejecutó _____ _____ _____

¿Cuál es la sílaba tónica, la última o la penúltima? ¿Cómo clasificarías estas palabras, según su acento?

3 **Divide** **en sílabas estas palabras. Luego,** **colorea** **la sílaba tónica.**

- símbolos _____ _____ _____
- informática _____ _____ _____ _____
- máquina _____ _____ _____

¿Cuál es la sílaba tónica de esas palabras: la penúltima o la antepenúltima? ¿Qué clase de palabras son?

Discriminación auditiva y expresión oral: dividir en sílabas, reconocer la sílaba tónica

Al leer, puedes encontrarte con palabras que no conoces. **Fíjate en los siguientes términos:**

informática   procesar   programación   inteligencia artificial

¿Sabías, antes de leer, lo que significan? Seguramente, no. ¡Yo tampoco lo sabía! Pero no tienes que buscarlas en un diccionario. ¡A veces la lectura nos dice el significado! **Observa este ejemplo.**

Para procesar los datos que se le suministran y producir un resultado, la computadora necesita de una serie de instrucciones que le digan qué tiene qué hacer y cómo tiene que hacerlo. Esto es lo que se llama un programa de computadora.

¿Qué es un programa de computadora?

 1 **Lee cada oración con cuidado. Pon atención especial a las palabras destacadas. Luego, subraya la contestación correcta.**

Como no tenía impresora en su casa, grabó el trabajo en el **disquete** para imprimirlo en la escuela.

◆ ¿Qué es un disquete?

    a. un disco para guardar información
    b. un juego electrónico
    c. una pieza de la impresora

El ratón, el micrófono, las bocinas y la impresora son **piezas periferales** que se conectan a la computadora para complementar su funcionamiento.

◆ ¿Qué son piezas periferales?

    a. adornos de la computadora
    b. piezas que se añaden a la computadora para mejorar su funcionamiento
    c. piezas que producen imágenes

Vocabulario: reconocer y utilizar claves explícitas de contexto

A veces, en la escuela te piden que escribas un informe sobre algún tema. El primer paso para escribir un informe es buscar información en un libro o en una enciclopedia, y copiar lo más importante.

El próximo paso es organizar tus ideas antes de empezar a escribir. Si fueras a escribir un informe sobre las computadoras, podrías organizar la información en un modelo como éste. **Fíjate bien.**

Luego, puedes hacer otros modelos con la información que quieras incluir en cada una de esas tres partes. Por ejemplo:

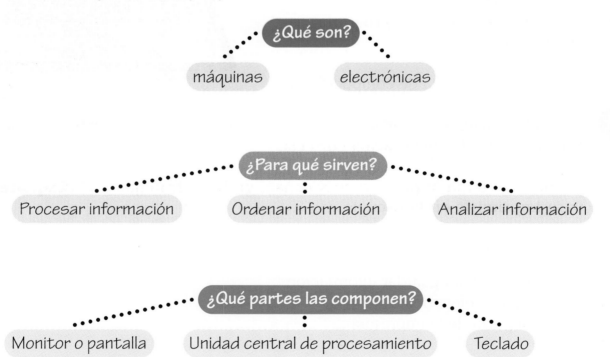

Finalmente, puedes escribir un párrafo basándote en los esquemas que construiste. **Observa este ejemplo:**

Las computadoras son **máquinas electrónicas** que sirven para **procesar, ordenar** y **analizar información.** Sus partes principales son el **monitor** o **pantalla,** la **unidad central de procesamiento** y el **teclado.**

Redacción: elaborar mapas conceptuales, escribir textos expositivos

1 Ya sabes que las partes principales de una computadora son: el monitor o pantalla, la unidad central de procesamiento y el teclado. **Escoge** una de esas partes y **completa** el siguiente modelo con información adicional.

_____

¿Para qué sirve?

¿Cómo funciona?

2 **Escribe**, en cursiva, un párrafo sobre la parte que escogiste. **Utiliza** las palabras del modelo que completaste.

_____

_____

_____

_____

 Revisa: ¿Comenzaste las oraciones con letra mayúscula? ¿Colocaste un punto al final del párrafo?

Redacción: elaborar mapas conceptuales, textos expositivos

Observa **esta ilustración.**

¿Cuántas computadoras hay? ¿Hay pocos o muchos discos de computadoras?
Observa, ahora, las palabras destacadas.

tres computadoras

muchos discos de computadoras

Las palabras *tres* y *muchos* nos indican la cantidad de computadoras y discos. Esas palabras son un tipo especial de adjetivos llamados **determinantes**.

Los determinantes nos pueden decir la cantidad exacta:

cuatro teclados

dos micrófonos

una impresora

Los determinantes también pueden decirnos una cantidad que no es exacta. **Fíjate:**

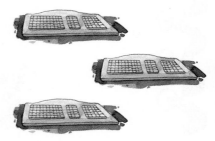

pocas computadoras

muchos discos

algunos teclados

Gramática: reconocer y utilizar determinantes de cantidad

Fíjate en las láminas, y en las frases que las acompañan.

una cámara

un micrófono

una pantalla

un disco

El artículo *un* es un tipo de determinante. Se usa con nombres masculinos. Con los nombres femeninos, usamos el artículo *una*.

Los determinantes que tienen que ver con los números desde el dos en adelante no cambian. No importa que el nombre sea masculino o femenino, esos determinantes siempre se escriben igual.

tres teclados

tres impresoras

Los determinantes *poco, mucho, algún* y *demasiado* tienen formas femeninas y plurales.

mucho trabajo

mucha tinta

muchos teclados

muchas computadoras

Gramática: concordancia entre nombre y determinante

1 **Completa los blancos con los determinantes de cantidad que faltan. Sigue el ejemplo.**

Tres niños jugaban alegres en sus computadoras.

_____ niñas trabajaban en su asignación.

_____ niños se escriben por correo electrónico.

Revisa: ¿Usaste letra mayúscula al comenzar cada oración?

2 **Suma o resta el número de cosas en los dibujos. Luego, escribe en cursiva el resultado junto al nombre dado.**

+ = _____ computadoras

- = _____ micrófonos

+ = _____ discos

3 **Subraya el determinante que corresponde a cada nombre ilustrado.**

◆ mucha
poca
gente

◆ muchas
pocas
impresoras

◆ pocos
muchos
teclados

◆ demasiados
algunos
micrófonos

4 **Añade los determinates que faltan. Usa _poco, poca, pocos_ o _pocas._**

_____ micrófonos

_____ gente

_____ pantallas

_____ dinero

Gramática: reconocer y utilizar determinantes de cantidad, concordancia entre nombre y determinante

Lee en voz alta estas oraciones. **Pon** atención especial a las consonantes destacadas.

Mi amigo Ra**mb**o y yo tomamos clases de co**mp**utadora en verano.

Dibujé una tro**mp**eta con el programa que me regaló papá.

Ayer ca**mb**ié la tinta de la i**mp**resora.

Busqué en Internet la información para la asignación sobre los zu**mb**adores.

Copia las palabras que tienen juntas las letras *mb* en una fila, y las que tienen *mp* en la otra. **Usa** letra cursiva.

_____ _____ _____

_____ _____ _____

Ahora, completa esta regla.

regla Antes de la *b* y de la *p,* se escribe _____

1 ▶ **Encierra** la combinación de *mb* o *mp* en estas palabras, y **estúdialas** para dictado.

- también
- siempre
- hombre
- limpio
- combinar
- timbre
- cambiar
- tambor
- temprano
- hambre

Ortografía: uso de la *m* antes de *b* y *p*

2 Escribe *mb* o *mp* donde corresponda en estas palabras.

◆ tro _____ o

◆ ho _____ re

◆ so _____ rilla

◆ bo _____ a

◆ lá _____ ara

◆ ca _____ ana

3 Escribe **los meses del año que tienen las consonantes** *mb*. **Usa letra cursiva.**

_____

_____

4 Escribe **una oración usando cada una de estas palabras. Usa letra cursiva.**

◆ imposible

_____

_____

◆ empezar

_____

_____

◆ hombros

_____

_____

Ortografía: uso de la *m* antes de *b* y *p*

Revisa la ilustración. Nos muestra una enciclopedia. ¿Cuántos tomos tiene? Un estudiante está usando uno. ¿Cuál es el que falta?

 Enciclopedia: un grupo de libros en los que encontramos información sobre diversos temas: Arte, Ciencia, Historia, Lenguaje, entre otros. Están escritos en prosa, y tratan sobre cosas y sucesos del mundo real.

1 **En las enciclopedias, la información aparece en orden alfabético. Subraya la palabra que aparecerá primero.**

| micrófono | disquete | teclado | ratón |

2 **Estas oraciones aparecen en una enciclopedia. Parea cada una con el tema al que pertenece.**

◆ El ratón es un roedor perteneciente a los mamíferos.   **Lenguaje**

◆ Las palabras *cámara, micrófono* y *electrónico* son agudas.   **Historia**

◆ La computadora actual surge en 1833.   **Ciencia**

Destrezas de estudio: uso de la enciclopedia

9

AL QUE DICE MENTIRAS...

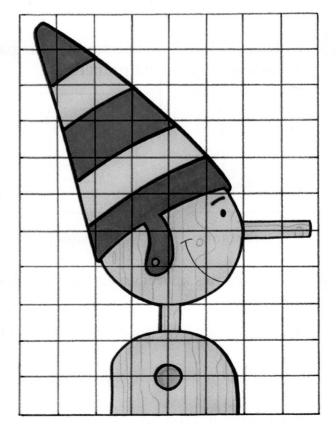

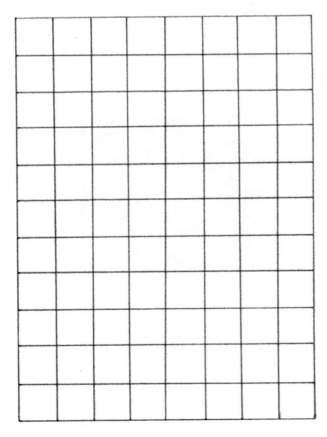

EXPLORACIÓN

1. **Lee las cuatro oraciones que narran el tema general de *Las aventuras de Pinocho.***

   ◆ Un día, Geppeto estaba en el taller de su casa y se le ocurrió una idea.

   ◆ Comenzó a construir un muñeco de madera al que llamó Pinocho.

   ◆ Pinocho era muy travieso y su nariz crecía cada vez que mentía.

   ◆ Finalmente, aprendió a ser bueno y honesto, y el hada lo convirtió en un niño de verdad.

2. **Fíjate en cada ilustración y escribe el número de acuerdo con el orden de la historia.**

3. **Aprende a dibujar la cara de Pinocho. Sigue las instrucciones.**

En esta unidad, leerás la obra *El reloj de Pepe Carbonilla* para que te enteres de lo que estuvo a punto de sucederle a un niño que dijo una mentira.

El reloj de Pepe Carbonilla
(adaptación)

Personajes

Simona, una vecina
de Pepe y su mamá

La mamá de Pepe

Bombón, el
ayudante del doctor

El doctor

Pepe, un niño
de ocho años

Primera escena

(En la sala de la casa de Pepe. Simona, muy preocupada, acaba de entrar, y habla con la mamá de Pepe.)

Simona: —¡Vecina, vecina!
¡Qué susto! ¡Qué horror!
¡Su hijo Pepito
se tragó un reloj!

(La mamá, muy asustada, marca un número de teléfono y habla.)

La mamá: —¡Ay, venga corriendo!
¡Rápido, doctor!
¡Que el pobre Pepito
se tragó un reloj!

Segunda escena

(En la oficina del doctor. Su ayudante, Bombón, acaba de contestar el teléfono. Todavía tiene el teléfono en la mano.)

Bombón: —¡Doctor, que lo llaman!
¡Venga, por favor!
¡Pepe Carbonilla
se tragó un reloj!

El doctor: —Voy en un instante.
Al minuto estoy.

Tercera escena

(De nuevo, en la sala de la casa de Pepe)

Pepe: —Buen día, mamita.
¡Qué hermoso está el sol!
Tic-tac. Tic-tac.

La mamá: —¡Ay, santo, qué horror!
¡Se tragó enterito
un despertador!

Pepe: —Tendremos buen tiempo,
sin mucho calor.
La tarde parece
un sueño de amor.
Tic-tac. Tic-tac.

Cuarta escena

(Ahora, entra corriendo el doctor. Le sigue Bombón.)

El doctor: —¿Dónde está el paciente?
¿Dónde, por favor?
Que vengo a operarlo…
¿O ya se murió?
Abre la **valija**,
querido Bombón.

Bombón: —¿Qué quiere? ¿El serrucho?

El doctor: —¡También necesito
destornillador!

Bombón: —¡Y el papel de lija!

El doctor: —No. ¡El **tirabuzón**!

Pepe: —Pero… ¡Yo no quiero
que me opere! ¡No!
¡Quiero que me cure
con una canción!

El doctor: —Tranquilito, nene.
No te apures, no.
Que con el serrucho
y el tirabuzón
ya mismo te saco
el despertador.

Pepe: —¡Espere, ay, espere!
Espere, ¡ay, doctor!
¡Que era una mentira
eso del reloj!

La mamá: —¡Niño sinvergüenza!
¡Qué susto nos dio!

El doctor: —Yo quería operarlo.
¡Qué desilusión!

Juan Bautista Grosso
(argentino)

valija: maletín, un tipo de bulto.
tirabuzón: instrumento para sacar el tapón
de corcho de las botellas.

1 En el teatro, al igual que en las películas, los actores usan gestos de la cara, los brazos y las manos para mostrar cómo se sienten los personajes. Fíjate en los gestos de estos personajes, y evalúalos. Escribe en las nubecitas lo que podrían estar diciendo.

2 Lee tus oraciones en voz alta, con la entonación correspondiente. Luego, léelas con variedad de entonaciones. ¿Cómo cambia el sentido al cambiar la entonación?

3 Marca, con una *X*, la mejor contestación. Comparte y discute tus inferencias con tus compañeros.

◆ ¿Qué crees que pasó antes del comienzo de la obra?

_____ Pepe le dijo a la vecina que se había tragado un reloj.

_____ La vecina vio a Pepe tragarse un reloj despertador.

◆ ¿Por qué mintió Pepe?

_____ Para que no lo castigaran.

_____ Para divertirse un rato.

4 Contesta, oralmente, y explica tus contestaciones.

◆ ¿Está bien lo que hizo Pepe? ¿Por qué?
◆ ¿Debe castigarlo su mamá? ¿Qué harías si fueras su mamá?
◆ ¿Qué debería hacer Pepe al final?

Comprensión de lectura: reconocer sentido de gestos y entonaciones, hacer inferencias, evaluar personajes y acciones

145

El escrito que acabas de leer es una obra de teatro. Esas obras se escriben para ser presentadas en los teatros, ante un público.

Ver una obra de teatro es muy parecido a ver una película en el cine o en la televisión. Sólo que, en vez de una pantalla, ¡vemos a los actores en vivo, directamente frente a nosotros, como en el circo!

Como las películas y algunos programas de televisión, las obras de teatro tienen:

◆ unos **personajes**, representados por actores

◆ una serie de **acciones**, que realizan los personajes

◆ un **conflicto**. A veces, el personaje principal hace algo que no está bien, y ocasiona un problema. ¿Quién causa el problema en esta obra?

◆ un **ambiente**, o lugar, y tiempo en que ocurren las acciones

En todo esto, las obras de teatro se parecen a las narraciones. Sin embargo, en el teatro, la historia es contada por personajes que conversan o dialogan entre sí. Sus acciones se representan frente a un público.

Recuerda: Las obras de teatro tienen personajes, una serie de acciones con un conflicto y un ambiente. Se diferencian de la narración en que son representadas por actores frente a un público.

conocer los elementos de la obra teatral

¿Por qué es importante interpretar correctamente los gestos de las demás personas?

 Observa estos dibujos y **contesta** oralmente.

◆ ¿Qué sentimientos expresan estas miradas?

◆ ¿Qué nos dicen estas bocas?

◆ ¿Qué indican estos ceños?

2 **Fíjate**, ahora, en estas ilustraciones. **Dibuja** el rostro de cada personaje según lo indica cada emoción.

Simona
nerviosa

Mamá
asustada

Pepe
alegre

Bombón
confundido

Doctor
tranquilo

3 **Selecciona** una de las emociones anteriores. **Haz** gestos con tu cara para explorar la posibilidad de gestos que pueden expresar esa emoción.

Análisis de imágenes visuales y expresión oral: reconocer signos corporales, contestar preguntas específicas

Estas láminas cuentan una historia.

1 **Contesta, oralmente, estas preguntas.**

◆ ¿Qué historia interpretas al observar las láminas?
◆ ¿Cómo se rompió la lámpara?
◆ ¿Por qué al final el niño se muestra enojado con el perro?
◆ ¿Qué le dice el niño al perro?
◆ ¿Qué le dice la madre al niño?

2 **Compara esta historia con *El reloj de Pepe Carbonilla*. Utiliza estas preguntas como guía.**

◆ ¿En qué se parecen las dos historias?
◆ ¿Qué razones tuvo Pepe Carbonilla para mentir?
◆ ¿Qué razones tuvo el niño de esta historia para mentir?
◆ ¿Cuál de los dos actuó peor? ¿Por qué?

Comprensión de imágenes visuales y expresión oral: narrar, comparar textos, llegar a conclusiones

El doctor le dijo a Pepe Carbonilla que le sacaría el reloj despertador con el tirabuzón. **Observa las imágenes.** ¿Para qué se usa este instrumento?

¿Cuál es la palabra que utilizamos en Puerto Rico para nombrar ese instrumento?

Observa, ahora, **este otro instrumento:**  ¿Cuál es su nombre? ¿Por qué se llamará así?

Y éste, ¿cómo se llama? ¿Por qué?

Las palabras *sacacorchos*, *abrelatas* y *sacapuntas* son **palabras compuestas**.

 Palabras compuestas: palabras que se forman de la unión de dos palabras.

1 **Parea** las palabras de la primera columna con las palabras de la segunda, para formar palabras compuestas. Luego, **escribe** la palabra compuesta en el espacio en blanco. **Sigue** el ejemplo.

- para   día   _paracaídas_
- medio   caídas   _____
- salta   moscas   _____
- mata   montes   _____

2 **Escribe** dos palabras compuestas. ¿Qué dos palabras se unen para formarlas?

- _____ = _____ + _____
- _____ = _____ + _____

3 **Subraya** las palabras compuestas.

- pelirrojo
- enfermero
- aguafiestas
- destornillador
- cortauñas
- rompeolas
- desilusión
- pisapapel

Vocabulario: reconocer claves estructurales, las palabras compuestas

Para que el lector sepa cuándo habla un personaje en un diálogo, se usan los dos puntos (:) y la raya (—). Los **dos puntos** se colocan después del nombre del personaje; la **raya** se usa antes de lo que dice el personaje. Observa **el ejemplo.**

Bombón: —¡Doctor, que lo llaman!

1 **La siguiente historia presenta un trato, hecho entre un perro y un campesino. La conversación de los personajes está desorganizada.** Utiliza **números, a partir del 2, para ordenarlo. El primero ya está dado.**

( ) **Perro:** —Ni siquiera yo sé a dónde voy.

( ) **Campesino:** —Entonces, ven a mi casa. Necesito un perro que me cuide el gallinero.

( ) **Perro:** —Por mí, iría, pero se lo advierto, no sé ladrar.

(1) **Campesino:** —Oye, amigo, ¿dónde vas tan deprisa?

( ) **Perro:** —De acuerdo. Si no le importa que no ladre, voy.

( ) **Campesino:** —Mejor, los perros que ladran hacen huir a los ladrones. En cambio, a ti no te oirán, se acercarán y podrás morderlos. Y, así, tendrán el castigo que se merecen.

2 Inventa **una continuación a este diálogo. ¿Qué sucedió cuando llegaron a la casa? ¿Quién era el ladrón que robaba las gallinas?** Escríbelo **en tu libreta.**

Revisa: ¿Escribiste mayúsculas y utilizaste correctamente los signos de puntuación? No olvides colocar los dos puntos y la raya.

Redacción: escribir diálogos, uso de los dos puntos y la raya

3 Parea **cada gesto con lo que dice el personaje.**

—¡Ay, anoche nos volvieron a robar otra gallina!

—¿Qué oigo? ¿Qué es esto? ¡Un perro que habla!

—¡Te atrapé, ladrón de gallinas! ¡Ahora las vas a pagar!

—Gracias a ti, querido amigo, ya no nos roban las gallinas.

—¡La gallina puso un huevo de oro! ¡Somos ricos!

4 Fíjate **en estas láminas.** Imagínate **que estás…**

…en una heladería.

…perdido, en un centro comercial.

5 Escoge **una de esas situaciones.** Imagínate **que tú eres el niño o la niña, e** inventa **un diálogo. Luego,** escríbelo. **¡No olvides mencionar el nombre de cada personaje, y usar los dos puntos y la raya!**

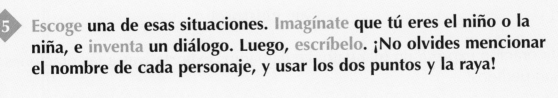

_____

_____

_____

_____

_____

Fíjate en las láminas y **lee**, en voz alta, las oraciones. **Trata** de pronunciarlas con el tono en que los personajes las dirían.

¡Mami, mami! Ven acá, por favor. ¿Me puedes dar dinero para darle a ese viejito que grita por la calle?

Bueno, sí, puedo. Pero... ¿Qué es lo que grita el viejito?

Pues... Está gritando: "Helados, helados".

¡Qué chistoso!

Observa **nuevamente las oraciones anteriores.** Algunas expresan preguntas o comunican emociones. Otras expresan comandos o comunican ideas y situaciones.

Esta oración, por ejemplo, pregunta algo. La llamamos **interrogativa**.

¿Me puedes dar dinero para darle a ese viejito?

El tono que se utiliza para pronunciar esta oración comunica una emoción. A este tipo de oración le llamamos **exclamativa** porque expresa sentimientos tales como: alegría, tristeza, coraje, sorpresa, nerviosismo.

¡Qué chistoso!

Esta oración expresa un mandato. Le llamamos **exhortativas** a las oraciones que expresan pedidos.

Ven acá, por favor.

En esta oración, se afirma o dice algo. No es una pregunta, ni expresa algún sentimiento. Se le llama **afirmativa**.

Está gritando: "Helados, helados".

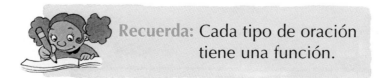

Recuerda: Cada tipo de oración tiene una función.

Gramática: distinguir oraciones interrogativas, exclamativas, afirmativas y exhortativas

1 Escribe, en cursiva, oraciones exclamativas que expresen los siguientes sentimientos.

◆ coraje _____

◆ placer _____

◆ vergüenza _____

2 ¿Recuerdas la historia de Pinocho? Cada vez que decía una mentira, la nariz le crecía. Fíjate en las láminas. Cuando Gepeto le hace una pregunta, Pinocho le contesta con una mentira. Lee las respuestas de Pinocho, y escribe las posibles preguntas que pudo haber hecho Gepeto. Sigue el ejemplo.

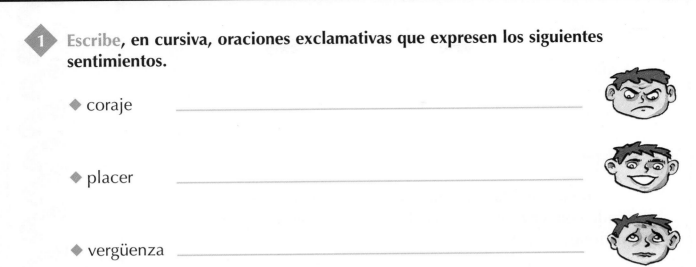

¿Cómo te portaste hoy en la escuela?

Me porté muy bien.

◆ ¿_____? Me acosté temprano anoche.

◆ _____ No, no tengo asignaciones para mañana.

3 Añade *no* a estas oraciones afirmativas para que digan lo contrario. Observa el ejemplo.

◆ Pinocho decía la verdad.   Pinocho no decía la verdad.

◆ A Pinocho le gustaba estudiar.   _____

◆ Por eso sacaba buenas notas.   _____

Gramática: redactar oraciones exclamativas, interrogativas y negativas

4 Relee la obra *El reloj de Pepe Carbonilla*. Crea oraciones exhortativas para los siguientes personajes:

◆ doctor _____

◆ mamá _____

◆ vecina _____

◆ Pepe _____

5 Lee, en voz alta, las oraciones que dicen estos personajes. Observa dónde comienza y dónde acaba cada oración. Luego, subraya las oraciones exclamativas.

El doctor: —Voy en un instante.
Al minuto estoy.

La mamá: —¡Ay, santo, qué horror!
¡Se tragó enterito
un despertador!

Pepe: —La tarde parece
un sueño de amor.

6 Redacta oraciones interrogativas que se puedan contestar con las oraciones afirmativas que están en la columna de la derecha.

Interrogativas	Afirmativas
_____	Pepe se tragó un reloj.
_____	El doctor vino a socorrerlo.
_____	Bombón era el ayudante del doctor.

Gramática: distinguir oraciones exhortativas, interrogativas, exclamativas y afirmativas

Observa **los siguientes personajes de la obra** *El reloj de Pepe Carbonilla.*

¿Cuál hace una pregunta? ¿Cuál expresa un sentimiento? ¿Cómo lo sabes?

En la primera ilustración, el doctor hace una pregunta. Lo sabemos por los signos **interrogativos** (¿?). Así, el lector sabe que estamos preguntando algo.

Cuando expresamos alegría, tristeza, sorpresa o coraje, también usamos unos signos especiales. Esos signos se llaman **exclamativos** (¡!).

Lee estos versos en voz alta, con el tono que indican los signos. Luego, encierra con lápiz rojo los signos interrogativos y, con lápiz verde, los exclamativos.

Mi hijo Pepito,
¿quién lo iba a pensar?
que un reloj el niño
se pudiera tragar.

¡Qué alivio sentí
cuando él me explicó
que era mentira
lo del reloj!

Pepito, ¿por qué?
—le pregunté yo.
¡Mamá, fue una broma!
¡Te pido perdón!

Ortografía: los signos de interrogación y exclamación

1 Ya sabes que la coma se usa para separar las palabras de una lista o enumeración. Escribe las comas que faltan.

En la valija del doctor, había papel de lija un destornillador un serrucho y un sacacorchos.

2 La coma tiene otros usos. Observa cómo se usa en estas oraciones interrogativas y exclamativas.

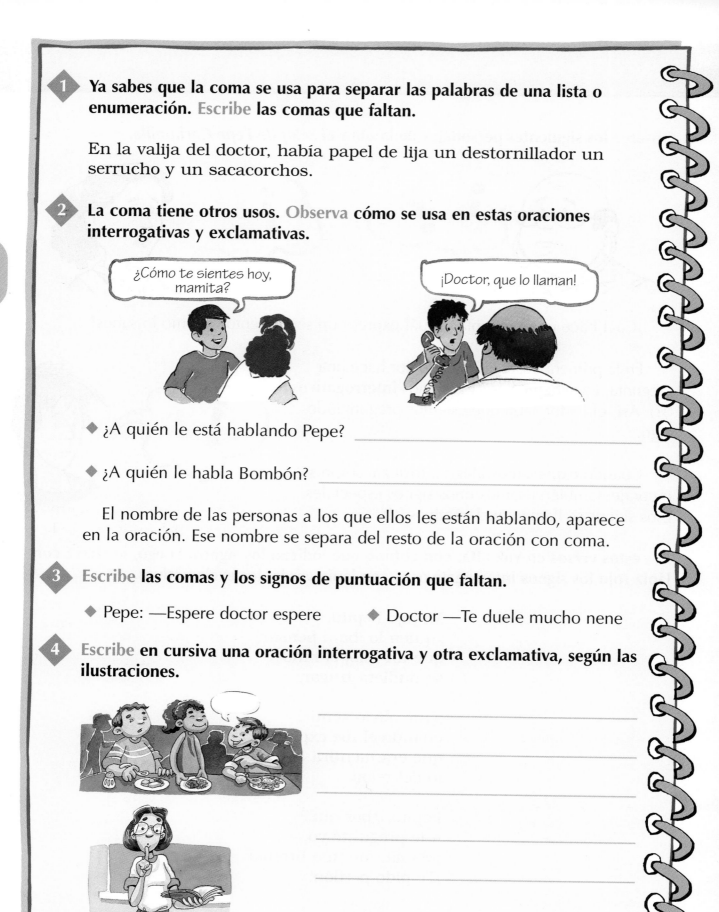

¿Cómo te sientes hoy, mamita?

¡Doctor, que lo llaman!

◆ ¿A quién le está hablando Pepe? _____

◆ ¿A quién le habla Bombón? _____

El nombre de las personas a los que ellos les están hablando, aparece en la oración. Ese nombre se separa del resto de la oración con coma.

3 Escribe las comas y los signos de puntuación que faltan.

◆ Pepe: —Espere doctor espere   ◆ Doctor —Te duele mucho nene

4 Escribe en cursiva una oración interrogativa y otra exclamativa, según las ilustraciones.

_____

_____

_____

_____

_____

_____

156

El diccionario es un libro muy útil en el que podemos buscar el significado de las palabras que no conocemos. También nos deja saber si la palabra es un verbo, un adjetivo, un nombre propio o un nombre común.

Para que resulte fácil consultarlo, el diccionario se ordena alfabéticamente, comenzando con la letra *a* y terminando con la *z*.

Las palabras que empiezan por *a* aparecen primero, seguidas de las que empiezan por *b*, por *c* y así, hasta la *z*.

| **a**brelatas | **b**ulto | **c**amisa |

Cuando hay dos palabras que empiezan con la misma letra, tenemos que fijarnos en la segunda letra. Y cuando las dos primeras letras son iguales, debemos buscar la tercera, y, así, sucesivamente.

| re**g**la | re**l**oj | re**v**ista |

Si te dan una lista de palabras, es más fácil buscarlas si primero las ordenas alfabéticamente. Numera **las siguientes palabras. Usa el 1 para la primera que encontrarías en un diccionario, y el 6 para la última.**

_____ destornillador   _____ tocadiscos

_____ paciente   _____ descuidado

_____ tirabuzón   _____ reloj

Destrezas de estudio: uso del diccionario

REPASO

1 Subraya **las palabras que se derivan de la palabra destacada.**

- **enfermo**   enfermero   invierno   enfermedad
- **pan**   panadería   panadero   pena

2 Haz **un cerco alrededor de las palabras compuestas.**

- sinvergüenza   ◆ paracaídas   ◆ cafetería   ◆ matamoscas   ◆ lavamanos

3 Escribe **un artículo para cada uno de estos nombres.**

_____ asignación   _____ juguetes   _____ día   _____ películas

4 Colorea **el recuadro con la forma correcta.**

- la pizarra | de el | del | salón
- el comienzo | de las | delas | clases
- los uniformes | delos | de los | estudiantes
- una excursión | a el | al | Museo de Ponce

5 Escribe *mucho, mucha, muchos* o *muchas* **delante de estos nombres.**

_____ asignaciones   _____ trabajo

_____ comida   _____ árboles

6 Colorea **de rojo la oración exhortativa, de azul la oración afirmativa, de verde la oración exclamativa, y de amarillo la oración interrogativa.**

El lunes es día de fiesta.   Hagan silencio.

¿Qué hora es?   ¡Qué bueno!

7 Escribe **los signos de interrogación (¿?) o exclamación (¡!) a cada oración.**

- Por favor, Pepe, ven acá   ◆ Qué quieres, José

8 Pronuncia **, en voz alta, estas palabras esdrújulas.** Escribe **el acento que falta.**

- comico   ◆ Guanica   ◆ electrica   ◆ sotano   ◆ arboles

PROYECTO

Piensa en la historia *El reloj de Pepe Carbonilla*. Si pudieras enviarle un mensaje electrónico al autor argentino, Juan Bautista Grosso, ¿qué le comentarías y preguntarías sobre la historia? **Comparte** tu opinión con él. **Déjale** saber si te gustó o no la obra. ¿Qué podrías opinar sobre la mentira de Pepe? ¿Le cambiarías algo a la trama? ¿Añadirías personajes y situaciones? **Escribe** tu mensaje en el espacio provisto.

DEBEMOS SER PERSEVERANTES

CITIVS
ALTIVS
FORTIVS

EXPLORACIÓN

En esta escena de Los Juegos Olímpicos, conocerás algunos de sus signos y su significado:

1. **El lema.** *"Citius, Altius, Fortius".* Más rápido, más alto, más fuerte.
2. **La bandera.** Los cinco continentes unidos a través del olimpismo. **Colorea cada aro del color correspondiente.**
3. **El discóbolo.** Representa uno de los juegos de la antigua Grecia. ¿Qué juegos se practican ahora?
4. **La flama olímpica.** Arde mientras se llevan a cabo las competencias. **Coloréala.**
5. **Las medallas.** Se otorgan tres premios: bronce, plata, oro. **Colorea las cintas con los colores de las banderas que elijas.**

En la fábula que leerás en esta unidad, cada personaje trata de llegar a la meta antes que el otro. Sin embargo, sólo uno de los dos es el que persevera. ¿Cuál es? ¿Cuál fue la clave de su éxito?

La liebre y la tortuga

Una liebre se reía de una tortuga que paseaba lentamente por el camino.

—Voy despacio —respondió la tortuga ante la burla de la liebre—, pero a una velocidad constante. Estoy segura, sin embargo, que recorro más distancia que tú en el día.

—¡Ja! ¡Ja! —dijo la liebre—. ¡Hasta apostaría a que eres más rápida que yo!

—Es verdad y acepto la apuesta —respondió la tortuga—. ¿Quieres que te lo pruebe?

La liebre aceptó, encantada con este nuevo juego. Los dos animales decidieron el camino que recorrerían y cuál sería la **meta**.

Se dio la señal dè partida. La liebre corría a toda velocidad y pegaba saltos gigantescos; en poco tiempo había recorrido por lo menos doscientos **metros**. Entonces se detuvo, volvió sobre sus pasos y comenzó a molestar a la tortuga, que sólo había recorrido unos pocos metros. Como tenía tanta **ventaja**, la liebre pensó que podía permitirse un pequeño descanso. Entró en una huerta, se llenó de zanahorias y se acostó a dormir bajo la sombra de un árbol.

Mientras tanto, la tortuga continuó caminando. Cuando la liebre despertó, estaba a punto de alcanzar la línea de llegada. Entonces, la liebre se dio cuenta de que había dormido demasiado y que había **subestimado** a la tortuga. Aunque salió corriendo con todas sus fuerzas, ya era demasiado tarde: la tortuga llegaba primero a la meta y ganaba finalmente la apuesta.

—¿Ves que yo tenía razón?—le dijo la tortuga a la liebre—. Lo importante no es salir primero, sino llegar a tiempo.

Jean de La Fontaine
(francés)

liebre: animal parecido al conejo.
meta: punto de llegada.
metros: medida de distancia.
ventaja: mayor distancia.
subestimado: pensado que valía poco.

1 Numera **las acciones en el orden en que ocurren en la fábula.**

_____ La liebre y la tortuga decidieron competir en una carrera.

_____ La liebre se acostó a descansar.

_____ La liebre se burló de la tortuga por su lentitud.

_____ Cuando la liebre despertó, la tortuga estaba llegando a la meta.

2 **¿Cuáles de estas situaciones presentan a los animales actuando como los seres humanos? Márcalas con una X.**

_____ La tortuga camina lentamente.

_____ La liebre y la tortuga decidieron competir en una carrera.

_____ La liebre se burló de la tortuga.

_____ La liebre daba saltos.

_____ La tortuga y la liebre conversaron.

3 **Éstas son moralejas de otras fábulas. Discute, con tus compañeros de clase, cuál es su significado.**

◆ Lo bueno no está en la cantidad sino en la calidad.

◆ Poco a poco, se llega lejos.

◆ Hasta los más fuertes necesitan ayuda.

◆ Al que dice mentiras, nadie le cree, aunque diga la verdad.

Comprensión de lectura: identificar secuencia narrativa, reconocer personificaciones, interpretar moralejas

La historia que acabas de leer es una **fábula**.

> **Fábula:** narración breve. Tiene narrador, personajes y una serie de acciones. También tiene una moraleja o enseñanza al final.

El **narrador** es la persona que cuenta la fábula. El narrador también es el que dice, al final, la moraleja de la historia.

Lo importante no es salir primero, sino llegar a tiempo.

Las **moralejas** presentan un consejo o enseñanza. La de esta fábula enseña que es mejor ser astutos e insistentes, que ser rápidos y poco inteligentes.

Los **personajes** de las fábulas son casi siempre animales u objetos que hablan y actúan como la gente. Decimos que esos animales y objetos están *personificados* porque se comportan como personas.

¿Qué cosas pueden hacer la liebre y la tortuga normalmente? ¿Cuáles de las acciones que hacen en la fábula son como las que hace la gente?

En las fábulas, como en otras narraciones, hay una **secuencia de acciones**. Las acciones son los sucesos que pasan, y tienen un orden.

¿Qué ocurrió primero en la fábula de la liebre y la tortuga? ¿Qué pasó después? ¿Qué ocurrió al final?

Teoría literaria: reconocer los elementos de la fábula

Observa estas ilustraciones y lee las oraciones. Lo que ocurre en la primera, es la causa de lo ocurrido en la segunda.

Causa

La liebre se acuesta a descansar.

Efecto

La tortuga gana la carrera.

La causa nos dice por qué pasó algo. ¿Por qué la tortuga ganó la carrera? La tortuga ganó porque siguió su camino mientras la liebre se detuvo a descansar.

Fíjate, ahora, en estos dibujos y contesta las preguntas.

Causa

Efecto

¿Cuál de estas oraciones representa lo que pasó en los dibujos?

La liebre se durmió y por eso perdió.
La liebre perdió y por eso se durmió.

1 Observa estas ilustraciones. Escribe una oración, en tu libreta, que represente la causa y el efecto de la situación presentada.

2 En la primera columna, aparecen las causas de los sucesos que pasan en la segunda columna. Parea cada causa con su efecto y di qué pasó.

Comprensión de imágenes visuales y expresión oral: identificar y expresar relaciones de causa y efecto

Había una vez una rana tonta que quería ser tan grande como un buey...

1 **Discute estas preguntas con tus compañeros.**

◆ ¿Por qué la rana deseaba ser tan grande como el buey?

◆ ¿Qué hizo la rana para aumentar su tamaño?

◆ ¿Qué pensaron las demás ranas de ella?

◆ ¿Crees que la rana hizo bien al ser tan perseverante?

◆ ¿Cuál fue el resultado de su perseverancia?

2 **Describe, brevemente, en tus palabras, lo que sucedió en esta fábula. ¿Cuál es la moraleja?**

3 **Discute con tus compañeros cuál es la diferencia entre perseverar para el bien y perseverar para el mal. ¿Cómo se compara la perseverancia de la tortuga con la perseverancia de la rana?**

Discriminación auditiva y expresión oral: interpretar fábulas y moralejas

Lenguaje

¿Sabías que algunas palabras tienen más de un significado? Por ejemplo, la palabra *cuatro* se puede referir al número 4 como en la oración:

La rana tiene cuatro patas.

Sin embargo, también se puede referir al instrumento de cuerdas como en la oración:

Mi papá tocó su cuatro en el concierto de Navidad.

A este tipo de palabras les llamamos *homónimos*.

¿En qué otras palabras homónimas puedes pensar? **Escríbelas en el espacio en blanco y haz un dibujo de sus significados.**

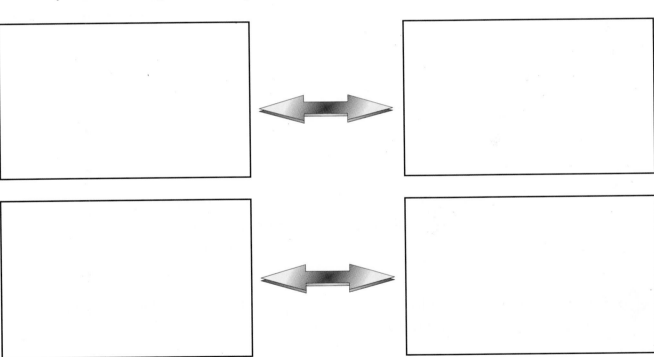

Otras palabras se pronuncian igual, pero se escriben diferente. A estas palabras les llamamos *homófonas*. Por ejemplo, *casar* y *cazar*. **Búscalas en el diccionario y escribe una oración con cada una, según su significado.**

◆ cazar _____

◆ casar _____

Vocabulario: distinguir homónimos y homófonos

1 **Lee, con cuidado, las siguientes oraciones.**

Un pastor cuidaba sus ovejas, mientras éstas comían yerba. Pasaba el rato lanzando piedras y viendo hasta dónde llegaban, o mirando las nubes para ver cuántas formas de animales distinguía. Como se aburría con su trabajo, un día decidió hacerle una broma a la gente del pueblo, que quedaba cerquita del campo donde él cuidaba sus ovejas. ¡Socorro! ¡Socorro! ¡El lobo! —gritó muy fuerte.

Ahora, resume esa primera parte. **Escribe sólo lo más importante.** ¿Qué detalles puedes eliminar?

_____

_____

_____

_____

_____

 Revisa: ¿Escribiste mayúscula y punto en cada oración?

2 Estas oraciones cuentan lo que ocurrió después, pero están desordenadas. **Numéralas en el orden en que deben ir.**

_____ Pero cuando llegaron, no vieron ningún lobo. Sólo vieron al pastorcito, que se moría de la risa.

_____ Al oír los gritos del pastor, los hombres y las mujeres del pueblo cogieron palos y corrieron para ayudar al niño a salvar sus ovejas.

_____ La gente del pueblo pensó que era una broma muy pesada, y le dijeron que no volviera a hacer eso.

Redacción: resumir, escribir textos narrativos

3 Para completar la siguiente parte de la fábula, parea las frases de una columna con las de la otra. Luego, escribe las oraciones en un párrafo.

Una semana después, el pastorcito	corrió a ayudarlo.
Una vez más, la gente del pueblo	sólo al muchacho, que se reía de ellos.
Pero no encontraron ningún lobo;	volvió a gastarle la misma broma a la gente del pueblo.

Una semana después, _____

_____

_____

_____

4 Fíjate en las láminas. Luego, escribe el final de la fábula.

¡Socorro! ¡El lobo, el lobo!

Nos está gastando una broma.

_____

_____

_____

5 Completa la moraleja, y escribe, en cursiva, la oración.

Al que dice _____, nadie _____, aunque

diga _____.

Al que dice _____

_____

Redacción: escribir textos narrativos

Lee estas oraciones, y **fíjate** en las palabras destacadas.

La tortuga **caminó** hasta la meta.

La liebre se **durmió**.

Las palabras *caminó* y *durmió* nos dicen qué acciones hicieron la tortuga y la liebre. Las palabras que expresan acciones son **verbos**.

Observa, ahora, esta lámina. ¡Cada animal está haciendo lo que más le gusta!

Contesta, oralmente, estas preguntas.

◆ ¿Cuál de los animales come?

◆ ¿Cuál canta?

◆ ¿Cuál duerme una siesta?

◆ ¿Qué decidió hacer el monito?

◆ ¿Qué prefirió hacer el león?

◆ ¿Qué hace la gallina?

◆ ¿Qué te gustaría hacer a ti?

Recuerda: Las palabras que indican acciones son **verbos**.

Gramática: reconocer los verbos de acción

Ahora, observa cómo cambia el verbo en estas oraciones.

El buey **observó** a la rana.   Las ranas **observaron** al buey.

¿Quién realiza la acción en la primera oración? _____

¿Quiénes realizan la acción en la segunda oración? _____

Como el sujeto, en la primera oración, es un solo animal, se usa el verbo en singular *observó*. **Fíjate que en la segunda es más de un animal.** Por lo tanto, se utiliza el plural *observaron*.

1 **Completa las siguientes oraciones con los verbos correspondientes.**

◆ La tortuga _____ (llegó - llegaron) a la meta.

◆ La liebre y la tortuga _____ (compitió - compitieron).

◆ La liebre se _____ (acostó - acostaron) a dormir.

2 **Lee las próximas oraciones. Escribe, en cursiva, el verbo que está entre paréntesis en su forma correcta. Por ejemplo:**

◆ La rana _____*observó*_____ al buey.
(observar)

◆ El buey _____ agua.
(tomar)

◆ La rana _____ como un globo.
(estallar)

◆ Las fábulas nos _____ una lección.
(enseñar)

◆ Esa enseñanza se _____ moraleja.
(llamar)

Gramática: concordancia de número entre verbo y sujeto

3 **Subraya** la acción que puede realizar cada uno de los sujetos.

◆ Los pollitos   _pían_   estudian   maúllan

◆ El Sol   brilla   flota   ronca

◆ Las plantas   crecen   dibujan   se ríen

◆ Los escritores aúllan   ladran   escriben

4 **Colorea** los recuadros que poseen verbos.

lobo	comer	ovejas	pastor	fábula	agua
discutir	apostar	hombre	conversar	caminar	comida

5 **Piensa** en la fábula del pastor y el lobo, y completa las oraciones con verbos.

Un pastorcito _____ sus ovejas. Para entretenerse,

_____ piedras y _____ las nubes. Pero se

_____ mucho. Un día, _____ : ¡El lobo,

el lobo!

Los hombres y mujeres del pueblo _____ hasta el

campo para ayudar al niño pastor. Pero no _____

ningún lobo. El pastorcito se _____ muchísimo.

Un día, _____ un lobo y se _____

las ovejas.

Gramática: reconocer los verbos de acción

Lee en voz alta estas oraciones. Escribe en los espacios provistos, todas las palabras que tienen la letra *r* entre vocales o al inicio de la palabra.

Roberto, el niño pastor, se sentía aburrido. Un día gritó: "¡Socorro, corran rápido! ¡Ahí viene el lobo!". Los campesinos sintieron terror y corrieron.

_____

_____

_____

_____

Algunas veces, la *r* se escucha fuerte. Otras veces se escucha suave. ¿En cuál de las palabras anteriores suena fuerte? **Márcalas en rojo.** ¿Cómo se escribe? ¿En cuál de las palabras tiene un sonido suave? **Márcalas en azul.** ¿Cómo suena la *r* cuando está al principio de la palabra, fuerte o suave?

¿Puedes completar la regla del uso de la *r*?

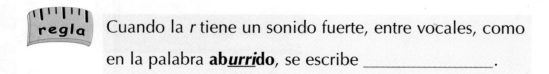 Cuando la *r* tiene un sonido suave, entre vocales, como en la palabra **sinti_ero_n**, se escribe _____.

Cuando la *r* tiene un sonido fuerte, entre vocales, como en la palabra **ab_urri_do**, se escribe _____.

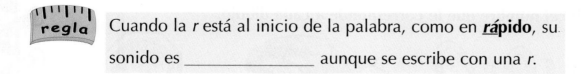 Cuando la *r* está al inicio de la palabra, como en **_rá_pido**, su sonido es _____ aunque se escribe con una *r*.

¿Cómo suena la *r* cuando se escribe al final de una palabra como en pasto*r* y terro*r*?

Ortografía: uso de la *r* y de la *rr*

1. **Escribe oraciones con las siguientes palabras. Fíjate cómo cambia el significado según utilices la *r* o la *rr*.**

mira _____

mirra _____

pera _____

perra _____

2. **Observa los dibujos. Circula la palabra que le corresponda a cada uno.**

◆ caro   carro

◆ cerro   cero

3. **Escribe el nombre que le corresponde a cada dibujo.**

$0 + 0 = 0$

_____   _____   _____

174

Ésta es una página del diccionario.

En la parte de arriba, aparecen dos palabras guías.

La primera nos dice cuál es la primera palabra que podemos encontrar en la página. La segunda nos dice cuál es la última palabra que aparece en esa página.

En la página, no aparecen las palabras que vienen antes que la primera palabra guía: *carnada*. **No aparecen:**

apuesta   becerro   caballo   cantar

Tampoco aparece ninguna que venga después que la segunda palabra guía: *carro*. **No aparecen:**

caserío   casino   lobo   zorro

1 **Lee cada palabra, y pon atención a sus dos primeras letras. Luego, subraya las palabras guías de la página donde debe aparecer esa palabra. Sigue el ejemplo.**

Palabras guías

◆ asar   <u>amor-banco</u>   abecedario-alfabeto

◆ fábula   fuente-ganar   encontrar-fotografía

2 **Fíjate en las palabras guías. Subraya la palabra que debe aparecer en la página en que están esas dos palabras. Observa el ejemplo.**

Palabras guías

◆ ágil-atlas   cerro   <u>amistad</u>   abanico

◆ becerro-butaca   bulto   bala   carril

1 Al Norte de la Isla, en la región de roca caliza, se ven los mogotes, las dolinas, las grietas y cavernas que son importantes porque almacenan aguas subterráneas que alimentan ríos y manantiales.

Las dolinas son como grandes hoyos profundos que se forman en la superficie de la roca caliza.

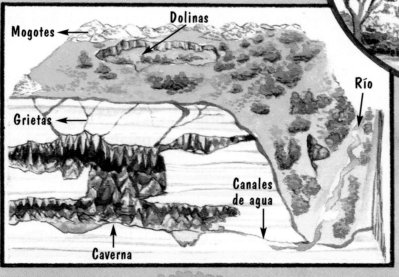

Mogotes

Dolinas

Grietas

Río

Canales de agua

Caverna

2 Los mogotes son como islas refugio que se elevan sobre las tierras llanas. En ellos habitan plantas y animales muy especiales y muchas veces únicos.

El agua de lluvia cae sobre el mogote, se filtra por sus grietas y por el goteo del agua se forman las cavernas. El agua se deposita en las cavernas, corre por los canales y se une a los ríos que llegan a las ciudades.

EXPLORACIÓN

Ésta es la zona cársica que se encuentra al Norte de la Isla del Encanto.

1. **Fíjate** en el mapa, en la parte inferior, y **señala** la zona cársica.
2. **Di** qué ves en los paisajes 1 y 2. **Lee** el pie de cada ilustración.
3. **Fíjate** en el recorrido del agua en la ilustración 3. **Pinta** el agua de lluvia, el mogote, las grietas, la caverna y el depósito de agua.
4. **Lee** el pie de la ilustración 3 y **di**, con tus palabras, cómo se originó esta caverna.

El ambiente que nos rodea afecta nuestros sentimientos. Algunas personas sienten tristeza en los días de lluvia. Sin embargo, otras personas sienten alegría y placer. ¿Cómo puede una misma situación causar sentimientos variados en las personas? Los autores de los poemas que leerás en esta unidad expresan su sentir con relación a la lluvia y al viento. **Léelos** y **compáralos**

Literatura

Las gotas de agua

Las gotas de agua
son bailarinas
que el traje sueltan
para danzar,
cuando las nubes,
allá en los cielos,
abren los ojos
para llorar.

Cantan y bailan
alegremente,
repiqueteando
en el **tejar**:
golpean los vidrios,
ríen y gritan.

Y antes que el agua
vaya a **cesar**,
las gotas juntas
se dan la mano
y besan el campo
para bailar.

Myriam Álvarez Brenes
(costarricense)

repiqueteando: sonando.
tejar: techo de barro.
cesar: detenerse, parar.

Viento solano

Sopla, viento del este,
que aquí nada se mueve.

La tierra está esperando
sentir tu paso alegre.

Los árboles se han puesto
de **puntillas** por verte.

No te **demores**. Sopla,
llega, viento del este.

Escúchame. Te llamo
desesperadamente.

José Agustín Goytisolo
(español)

puntillas: sobre la punta de los pies.
demores: tardes.

1 **Piensa** en estas preguntas y **comenta** las contestaciones con tus compañeros.

◆ ¿Con qué compara la poeta el movimiento de las gotas de agua?

◆ ¿Cómo se siente la autora con relación a la lluvia?

◆ ¿Qué hacen las gotas antes de que deje de llover?

◆ ¿Por qué el autor de "Viento solano" le pide al viento que sople?

◆ ¿Qué sentirá la tierra cuando sople el viento?

◆ ¿Cómo será la temperatura y el clima en el ambiente del poema "Viento solano"?

2 **Indica** con qué sentido se asocian estos versos.

> visión   audición   tacto   olfato   gusto

Cantan y bailan alegremente
repiqueteando en el tejar.

_____

Sopla viento del este,
que aquí nada se mueve.

_____

Las gotas de agua
son bailarinas
que el traje sueltan para danzar.

_____

Mayagüez sabe a mangó.
Ponce a níspero y a quenepa.

_____

Comprensión de lectura: identificar detalles, reconocer imágenes sensoriales

Los poemas se parecen mucho a las canciones.

Como las canciones, los poemas se escriben en líneas cortas, llamadas **versos**. Los versos tienen mucho ritmo, aunque no siempre riman. Un grupo de versos se llama **estrofa**.

Los poemas también se parecen a las canciones en que sirven para decir cómo nos sentimos. ¿Acaso no has cantado cuando estás contento o triste? Con los poemas, también podemos expresar lo que sentimos hacia otras personas o hacia lo que nos rodea.

Los poetas quieren, además, que nos imaginemos las cosas como ellos las

ven , las oyen o las sienten . O que nos imaginemos

a qué saben o cómo huelen . Por eso, tienen mucho cuidado al

escoger sus palabras.

¿Qué sentidos asocias con estos versos?

Pían los pollitos
que son amarillitos.
Sus plumas tan sedosas
como pétalos de rosas.

vista   audición

olfato   gusto

tacto

Recuerda: Los poemas tienen mucho ritmo, expresan sentimientos y nos dicen cómo son las cosas para que nosotros podamos imaginarlas.

Teoría literaria: reconocer los elementos de la poesía lírica, clasificar imágenes sensoriales

Los poetas comunican sus sentimientos con palabras. Los pintores y las pintoras también expresan sus sentimientos en sus obras, pero lo hacen con colores y formas.

Observa **estos cuatro cuadros.** Los autores de estas obras de arte quieren que pienses, sientas e imagines al observar sus obras. La forma en que pintan y los colores que eligen, nos comunican, sin palabras, sus sentimientos y pensamientos.

©2002 Estate of Pablo Picasso Artist Rights Society (ARS), New York ©National Gallery, London

Child with a Dove, *Pablo Picasso*

Grabado en madera impreso sobre tela. Parte del mural "El ABC de los niños"

"Letra N", *Antonio Martorell*

Art Resource, NY

The Bedroom, *Vincent van Gogh 1888.*

De la colección del Museo de Historia, Antropología y Arte de la Universidad de Puerto Rico

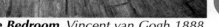

Hacienda Aurora, *Francisco Oller*

1 **Discute** y **compara** **con tus compañeros las contestaciones a estas preguntas.**

- ◆ ¿Qué observas en cada cuadro?

- ◆ ¿Puedes describir el cuadro #1?

- ◆ ¿Con qué asocias el cuadro #2?

- ◆ ¿Qué opinas de la combinación de colores del cuadro #3?

- ◆ ¿Has visto algo parecido al cuadro #4 anteriormente?

Análisis de imágenes visuales y expresión oral: identificar significados afectivos de imágenes

Para que los poemas suenen como la música, los poetas usan la **rima**. Cuando dos versos terminan igual o parecido, decimos que riman.

Lee, **en voz alta, estos versos, y fíjate en las terminaciones destacadas.**

Vientecito del mar,
viento mar**ero**,
a jugar con mi niño
vente lig**ero**,
¡vente ligero!

Ester Feliciano Mendoza
(puertorriqueña)

El segundo verso rima con el cuarto, pues sus terminaciones son iguales: -ero, -ero.

Ahora lee, **en voz alta, estos otros versos. Observa las terminaciones destacadas.**

¿Por qué bailan en las llamas
los pajaritos y el vi**ento**?
Sombrilla de seda roja,
¡el flamboyán floreci**endo**!

Ester Feliciano Mendoza
(puertorriqueña)

La palabra *viento* rima con la palabra *floreciendo* porque sus terminaciones se parecen: -ento, -endo.

Recita esta estrofa y observa la terminación destacada.

¡Sueños de corales
vamos a cant**ar**!
¡Oh, mi hermoso y brioso
caballo de mar!

Ester Feliciano Mendoza
(puertorriqueña)

Contesta: ¿Qué palabra rima con *cantar*? ¿Cuál rima con *hermoso*?

Discriminación auditiva y expresión oral: reconocer rimas

¡Qué **alegre** y **fresca** la mañanita!,
me **agarra** el aire por la nariz,
y una muchacha, **gorda** y **bonita**
sobre la piedra muele maíz.

La estrofa que acabas de leer fue tomada del poema "El trópico", escrito por Rubén Darío. **Escribe, en letra cursiva, las palabras ennegrecidas en los espacios provistos. Junto a ellas,** escribe una palabra que signifique lo mismo y una palabra que signifique lo contrario.

palabras ennegrecidas	significa lo mismo que	significa lo contrario que

1 **Desenreda el revoltillo de letras** S I N Ó S I N O M **para descifrar cómo se llaman las palabras que tienen el mismo significado.**

2 **¿Recuerdas cómo se llaman las palabras que tienen significado contrario?** Llena **los espacios en blanco para averiguarlo.**

__ __ N T __ __ N __ __ M __ __ S

3 Analiza **cómo cambiaría el significado y el sentir de la estrofa, al inicio de la sección, si sustituyeras las palabras ennegrecidas por sus antónimos o si le añadieras los sinónimos.** Haz **el ejercicio en tu libreta y** comparte **los resultados con tus compañeros.**

183

Vocabulario: identificar sinónimos y antónimos

Los artistas utilizan colores y pinceles para crear pinturas que muestran el mundo que nos rodea. Los músicos hacen lo mismo por medio de sus canciones y composiciones. Los poetas utilizan palabras y su imaginación para crear retratos. Al leer lo que escriben, podemos imaginar cómo son los sonidos, olores, sabores, texturas e ideas visuales de sus poemas.

1 **Lee** el poema "Lección del mundo". **Analiza** cada verso con cuidado. **Escribe** en el espacio en blanco, qué sentido asocias con cada uno. ¿Qué sentido no se relaciona con el poema?

Éste es el cielo de azulada altura _____

y éste el lucero y ésta la mañana _____

y ésta la rosa y ésta la manzana _____

y ésta la madre para la ternura. _____

Y ésta la abeja para la dulzura _____

y éste el cordero de la tibia lana _____

y éstos: la nieve de blancura vana _____

y el surtidor de líquida hermosura. _____

Y ésta la espiga que nos da la harina _____

y ésta la luz para la mariposa _____

y ésta la tarde donde el ave trina. _____

Te pongo en posesión de cada cosa _____

callándote tal vez que está la espina _____

más cerca del dolor que de la rosa. _____

Tomado del libro *El poeta Jorge Rojas*, de Cecilia Hernández de Mendoza y publicado por el Instituto Caro y Cuervo

Jorge Rojas
(colombiano)

Redacción: las imágenes sensoriales

Lenguaje

2 Piensa **en el ambiente que te rodea.** Contesta **las siguientes preguntas:**

◆ ¿Qué sonidos te hacen bailar?

_____

◆ ¿Qué cosas cambian de color?

_____

◆ ¿Qué olores te desagradan?

_____

◆ ¿Qué texturas te dan cosquillas?

_____

◆ ¿Cuál es el sabor más rico?

_____

3 **Las contestaciones a las preguntas anteriores crean imágenes sensoriales en nuestro pensamiento.** Utiliza **estas imágenes para crear tu propio poema.** Haz **una ilustración que lo acompañe.**

_____

_____

_____

_____

_____

_____

_____

185

Redacción: crear imágenes sensoriales

Cucú
(fragmento)

Cucú, cantaba la rana.
Cucú, debajo del agua.

Cucú, pasó un caballero.
Cucú, de capa y sombrero.

Cucú, pasó una señora
Cucú, con falda de cola.

Tradicional

Lee estas oraciones. ¿Qué hizo la rana?

La rana **cantó** debajo del agua.

Cantó es un verbo de acción. Los **verbos de acción** nos dicen qué hace el sujeto de la oración.

En la vida real, las ranas pueden realizar acciones tales como:

saltar   croar   comer

Estas palabras también son verbos de acción.

Ahora, lee esta oración. ¿Cómo estaba la rana?

La rana **estaba** despierta.

Estaba también es un verbo aunque no expresa qué hace el sujeto. Algunos verbos no indican acción. Son verbos que sirven para decirnos cómo se siente, cómo es o cómo está el sujeto.

> **Recuerda:** Los verbos de acción nos dicen qué hace el sujeto. Los verbos que no expresan acción nos dicen cómo se siente o cómo es el sujeto.

Gramática: distinguir verbos de acción y verbos copulativos

Lenguaje

Observa **cómo cambian estos verbos.**

La rana **croa** y **salta** alegremente.

Las tres ranas **croan** y **saltan** alegremente.

¿Cuáles verbos se refieren a una rana? _____

¿A cuántas ranas se refieren los otros? _____

 **Recuerda:** Los verbos que se refieren a una sola persona, animal o cosa están en singular. Los que se refieren a más de una están en plural.

1 Nuestro ambiente está lleno de sonidos. Al igual que los humanos, los animales hacen sonidos para comunicarse. **Completa** los espacios en blanco del mapa conceptual con el nombre del sonido que hacen los animales indicados. **Colorea** con rojo los verbos en plural y con amarillo los verbos en singular.

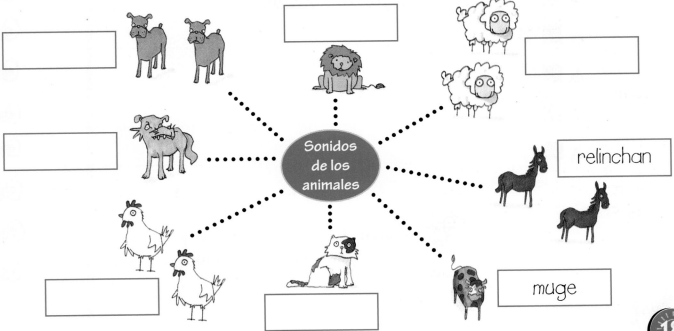

Gramática: concordancia de número entre verbo y sujeto

Lenguaje

187

2 Subraya **la mejor contestación para completar las oraciones.**

◆ Las galletas _____ caras.   (era - son - ser)

◆ El verbo de esta oración _____. (es de acción - no es de acción)

◆ La rana _____ hambre.   (tiene - tienes - tenemos)

◆ El verbo de esta oración _____. (es de acción - no es de acción)

3 Escribe, **en cursiva, dos oraciones que contengan verbos de acción.** Sigue **el ejemplo.**

En mi escuela, leemos poemas.

_____

_____

4 Combina **estas oraciones según la clave. Luego,** cópialas **en cursiva.**

▲	■	●
La rana	purifican	la Tierra
El Sol y la Luna	está	nublado
Las gotas de lluvia	iluminan	el ambiente
Los árboles	**tenía**	**hambre**
El cielo	son	refrescantes

▲■●   *La rana tenía hambre.*

▲■●   _____

▲■●   _____

▲■●   _____

▲■●   _____

Revisa: ¿Escribiste mayúscula y punto en cada oración?

Gramática: distinguir verbos de acción y verbos copulativos, concordancia de número entre verbo y sujeto

Lee, en voz alta, este fragmento de *El pájaro rojo*.

Al <u>pá**j**aro</u> <u>ro**j**o</u> le **g**usta volar, ju**g**ar y cantar. El pájaro rojo canta con sus <u>ami**g**os</u>. La **g**ente dice que es el <u>me**j**or</u> que canta. Un día, un <u>**j**ardinero</u> puso al pájaro rojo en una <u>**j**aula</u> de oro. El pájaro rojo dejó de cantar.

From SCHOLASTIC PHONICS READERS #17: THE RED BIRD (El pájaro Rojo) by María R. Teira Jacks. Published by the Scholastic Education Group, a division of Scholastic Inc. Copyright©by Scholastic Inc. Reprinted by permission.

María Rosa Teira

Observa las palabras subrayadas. **Marca**, con anaranjado, las palabras con *j* y con amarillo las palabras con *g*.

Cuando se escriben antes de la *e* y la *i*, la *g* y la *j* tienen el mismo **sonido suave**. Por ejemplo, la *g* en **ge**nte y **gi**rasol suena igual que la *j* en **je**fe y ca**ji**ta.

La *g* también tiene un **sonido fuerte** cuando se escribe antes de la *a*, la *o* y la *u* como en las palabras **gu**sta, ami**go**s y ju**ga**r.

La palabra **gigante** tiene el sonido suave y fuerte de la *g* a la vez.

Ahora, lee esta oración. **Fíjate** en las palabras subrayadas. ¿Qué tienen en común?

El <u>á**gui**la</u> voló sobre la <u>ho**gue**ra</u>.

El sonido fuerte de la *g* ante la *e* y la *i* se escribe **gue** y **gui**.

Fíjate en esta oración. ¿Qué indica el signo (¨)?

En el zoológico de <u>Maya**güe**z</u>, hay <u>ci**güe**ñas</u> y <u>pin**güi**nos</u>.

Este signo, que se llama **diéresis**, se coloca sobre las sílabas *güe* y *güi*. Indica que debe pronunciarse la letra _____.

Ortografía: uso de la *g* y de la *j*

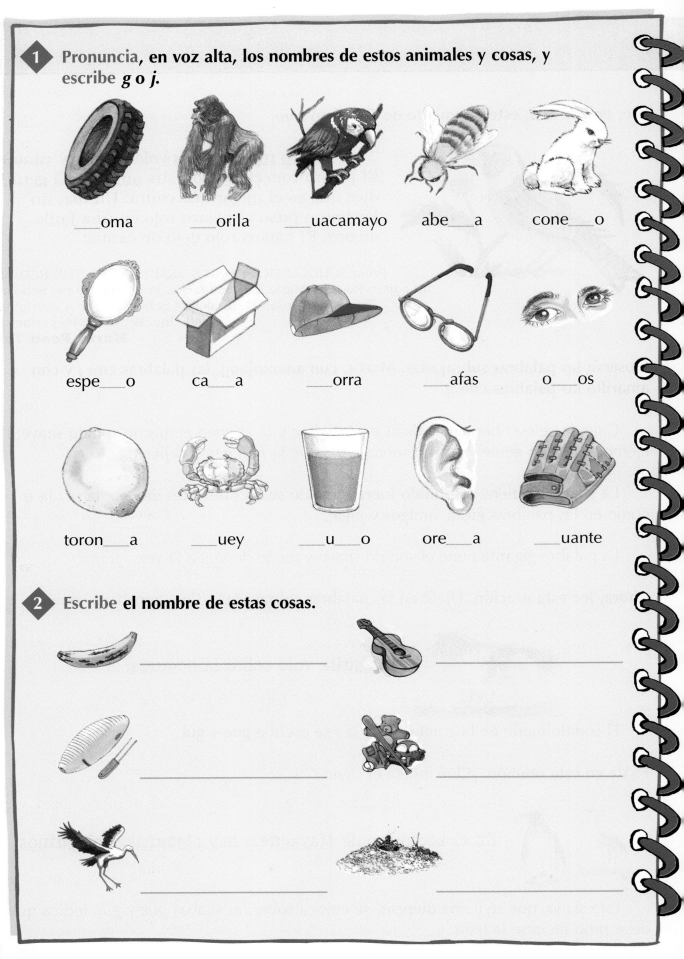

1 Pronuncia, en voz alta, los nombres de estos animales y cosas, y escribe *g* o *j*.

_____oma   _____orila   _____uacamayo   abe_____a   cone_____o

espe_____o   ca_____a   _____orra   _____afas   o_____os

toron_____a   _____uey   _____u_____o   ore_____a   _____uante

2 Escribe **el nombre de estas cosas.**

_____   _____

_____   _____

_____   _____

Ortografía: uso de la *g* y de la *j*

En el diccionario, no aparecen todas las formas de las palabras. Si se incluyeran todas, serían tan grandes que sería difícil usarlos. Por eso, cuando consultes un diccionario, debes tener en mente lo siguiente.

¡Ayúdame, que no puedo!

Los nombres y adjetivos aparecen en singular.

Aparecen		No aparecen	
maestro	generoso	maestros	generosos

1 Subraya **las formas que aparecen en el diccionario.**

◆ conejo   ◆ cerdos   ◆ gota   ◆ grueso   ◆ jóvenes   ◆ bigote

Los nombres y adjetivos aparecen en masculino.

Aparecen		No aparecen	
maestro	generoso	maestra	generosa

2 Marca**, con una X, los nombres y adjetivos que no aparecen en el diccionario.**

____ gata   ____ agricultor   ____ enfermera   ____ olorosa   ____ furioso

Se incluye la forma de los verbos terminada en -ar, -er o -ir.

Aparecen	No aparecen
amar	amo, amas, ama, amamos, aman
comer	comía, comías, comía, comíamos, comían
vivir	viví, viviste, vivió, vivimos, vivieron

3 En cada recuadro, hay dos formas de verbos que no están en el diccionario, y una que sí aparece. Subraya **la que aparece.**

estudiaron	estudió	estudiar
corría	correr	corríamos

Destrezas y hábitos de estudio: uso del diccionario

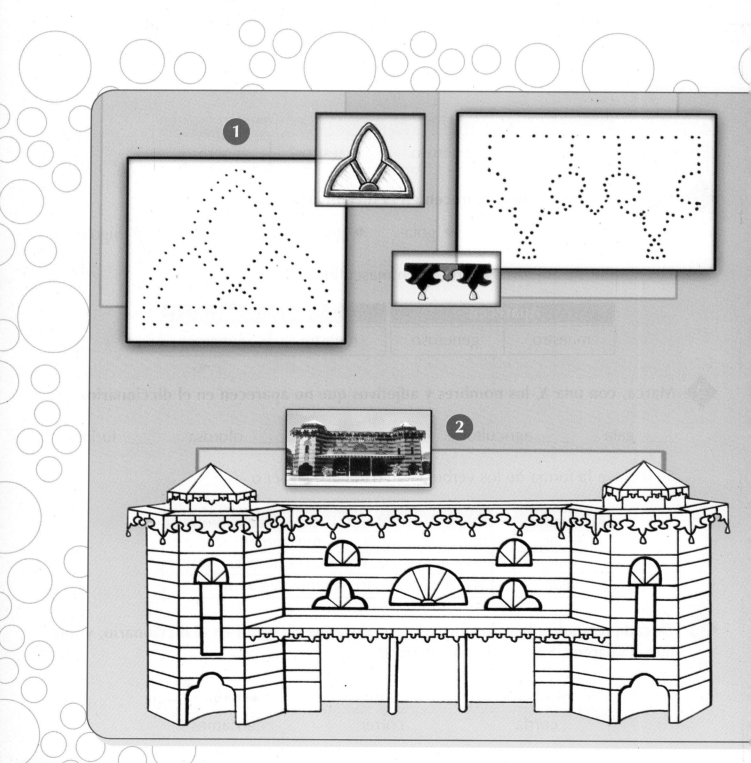

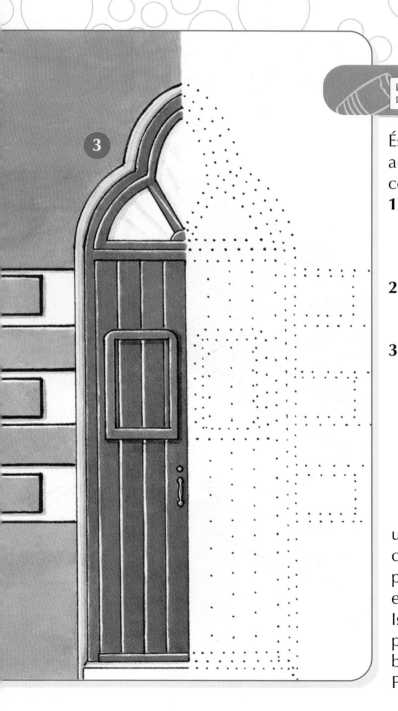

Éstos son los dibujos que hizo un arquitecto en un papel. Unos están completos y otros están incompletos.

1. **En la ilustración 1, fíjate en los detalles que tienen el Parque y la puerta. Aprende a hacerlos según la guía. Coloréalos.**
2. **Colorea, en la ilustración 2, el Parque de Bombas de Ponce, tal y como aparece en la foto.**
3. **En la ilustración 3, une los puntos, colorea y descubre la puerta de una casa en el Viejo San Juan.**

Si buscas la isla de Puerto Rico en un globo terráqueo, te darás cuenta de lo chiquita que es en comparación con otros países. Por esa razón, el poema que leerás en esta unidad fue titulado "Canción de la Isla chiquita". Sin embargo, aunque somos pequeños en tamaño, somos grandes en belleza natural y en cultura. ¡Qué viva Puerto Rico!

Literatura

Canción de la Isla chiquita

Isla de Puerto Rico, niña bonita,
echada y calladita
en tu **coy** del mar.

Te besan los **alisios**, niña chiquita,
para ver tu sonrisa
fresca asomar.

El coquí te acompaña,
niña bendita,
y te canta la **nana**
sin descansar.

Las olas por ti danzan,
niña bonita,
cogidas de la mano
por playa y mar.

La **Cordillera enarca**,
niña chiquita,
su lomo de gatita
para saltar,
y traerte del cielo
una estrellita,
que te cuide y te guíe
si triste estás.

Isla de Puerto Rico,
niña bonita,
esta canción la cantan
en altamar...

Ester Feliciano Mendoza
(puertorriqueña)

coy: hamaca.
alisios: vientos.
nana: canción para dormir a los niños.
cordillera: cadena de montañas.
enarca: hace un arco.

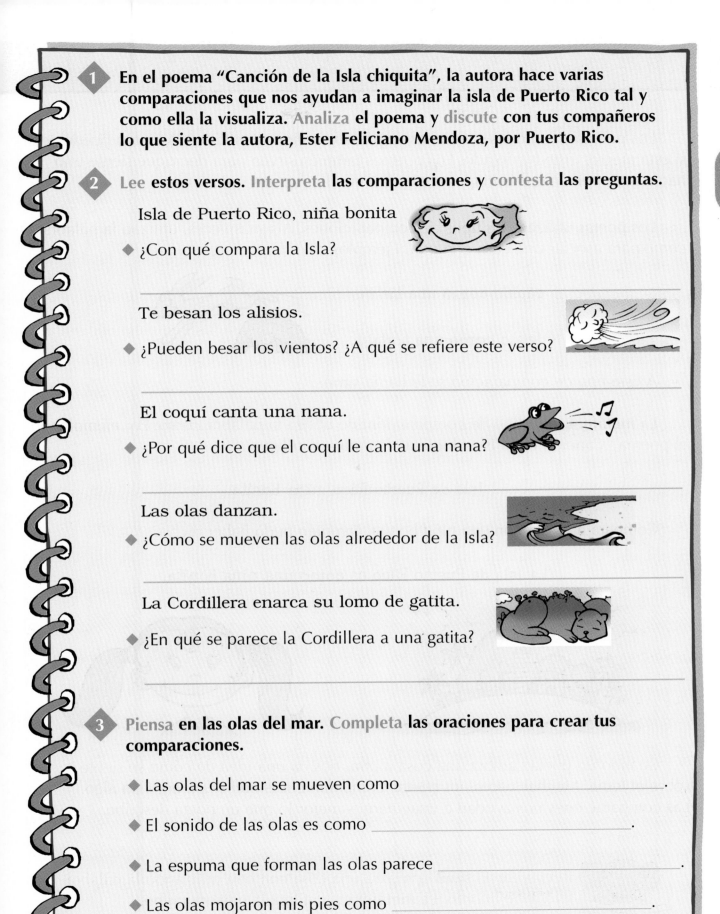

1. **En el poema "Canción de la Isla chiquita", la autora hace varias comparaciones que nos ayudan a imaginar la isla de Puerto Rico tal y como ella la visualiza.** Analiza **el poema y** discute **con tus compañeros lo que siente la autora, Ester Feliciano Mendoza, por Puerto Rico.**

2. Lee **estos versos.** Interpreta **las comparaciones y** contesta **las preguntas.**

   Isla de Puerto Rico, niña bonita

   ◆ ¿Con qué compara la Isla?

   _____

   Te besan los alisios.

   ◆ ¿Pueden besar los vientos? ¿A qué se refiere este verso?

   _____

   El coquí canta una nana.

   ◆ ¿Por qué dice que el coquí le canta una nana?

   _____

   Las olas danzan.

   ◆ ¿Cómo se mueven las olas alrededor de la Isla?

   _____

   La Cordillera enarca su lomo de gatita.

   ◆ ¿En qué se parece la Cordillera a una gatita?

   _____

3. Piensa **en las olas del mar.** Completa **las oraciones para crear tus comparaciones.**

   ◆ Las olas del mar se mueven como _____ .

   ◆ El sonido de las olas es como _____ .

   ◆ La espuma que forman las olas parece _____ .

   ◆ Las olas mojaron mis pies como _____ .

Comprensión de lectura: interpretar lenguaje figurado, construir comparaciones

Los poemas, como las canciones, expresan sentimientos. Con ellos, uno puede decir si está alegre, triste o enojado. Los poemas también sirven para decir qué siente uno hacia otras personas o hacia las cosas del mundo que nos rodea.

Los poetas utilizan dos tipos de comparaciones. Algunas veces, utilizan la palabra *como* para asociar una cosa con otra. Ejemplos:

rápido **como** una liebre

lento **como** una tortuga

A este tipo de comparación se le llama **símil**.

La **metáfora**, otro tipo de comparación, no utiliza la palabra *como*. Por ejemplo, en el poema "Canción de la Isla chiquita" la autora escribe:

Isla de Puerto Rico, niña bonita.

Compara a la Isla con una niña bonita. También pudo haber dicho:

La Isla de Puerto Rico es **como** una niña bonita.

Cuando un poeta cambia una cosa a otra, nos da una idea de cómo se siente sobre el tema. Muchas veces, los poetas comparan cosas que se parecen en algo. Las comparaciones nos ayudan a imaginarnos mejor lo que un poeta describe.

Recuerda: El **símil** compara una cosa con otra utilizando la palabra *como*. La **metáfora** no utiliza la palabra *como*.

Teoría literaria: reconocer los elementos de la poesía lírica, reconocer símiles y metáforas

En las fotografías, aparecen lugares de gran belleza natural y valor histórico en Puerto Rico.

Cavernas del Río Camuy

El Yunque

Balneario de Luquillo

Capilla de Porta Coeli, San Germán

Parque de Bombas, Ponce

El Morro, San Juan

1 **Contesta:**

◆ ¿Qué crees que significa la frase "belleza natural"? ¿Cuáles de los lugares que presentan las fotografías son así?

_____

_____

◆ ¿Qué hace que un lugar tenga valor histórico?

_____

◆ ¿Has visitado alguno de los lugares presentados en las fotografías?

_____

◆ Describe el lugar que has visitado y cuéntale a la clase tus experiencias en ese lugar.

_____

Discriminación visual y expresión oral: definir, clasificar, describir lugares, narrar experiencias personales

Lee, en voz alta, este poema. Selecciona, del recuadro que está al final de la página, el nombre del pueblo que rime con las palabras destacadas. Escríbelo en el espacio en blanco. Sigue el ejemplo. Luego, lee de nuevo el poema con las palabras que faltaban en su lugar.

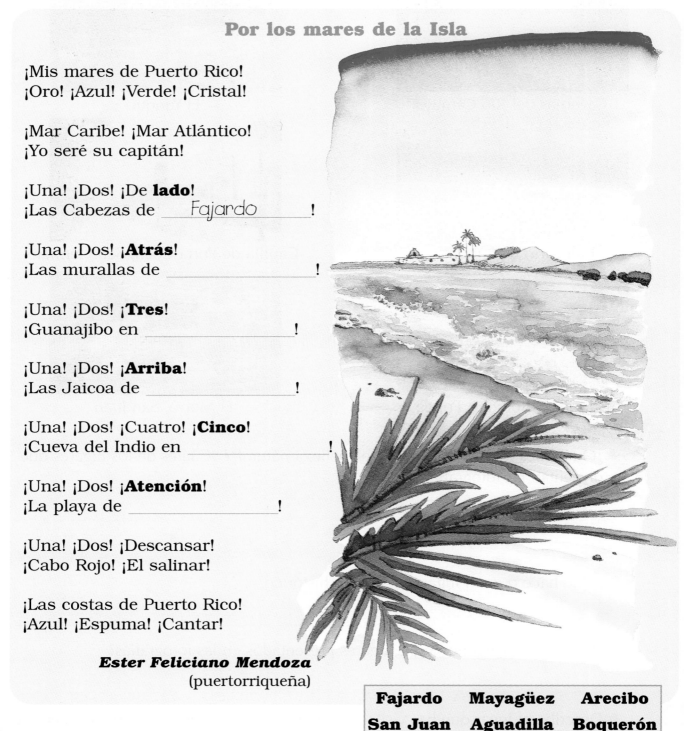

Por los mares de la Isla

¡Mis mares de Puerto Rico!
¡Oro! ¡Azul! ¡Verde! ¡Cristal!

¡Mar Caribe! ¡Mar Atlántico!
¡Yo seré su capitán!

¡Una! ¡Dos! ¡De **lado**!
¡Las Cabezas de _Fajardo_!

¡Una! ¡Dos! ¡**Atrás**!
¡Las murallas de _____!

¡Una! ¡Dos! ¡**Tres**!
¡Guanajibo en _____!

¡Una! ¡Dos! ¡**Arriba**!
¡Las Jaicoa de _____!

¡Una! ¡Dos! ¡Cuatro! ¡**Cinco**!
¡Cueva del Indio en _____!

¡Una! ¡Dos! ¡**Atención**!
¡La playa de _____!

¡Una! ¡Dos! ¡Descansar!
¡Cabo Rojo! ¡El salinar!

¡Las costas de Puerto Rico!
¡Azul! ¡Espuma! ¡Cantar!

Ester Feliciano Mendoza
(puertorriqueña)

Fajardo	Mayagüez	Arecibo
San Juan	Aguadilla	Boquerón

Discriminación auditiva y expresión oral: identificar rimas, recitar versos

Lenguaje

Lee estos versos. Pon atención especial a la palabra destacada.

¡Mar Caribe! ¡Mar Atlántico!
¡Yo seré su **capitán**!

La palabra *capitán* tiene más de un significado. En el diccionario, la palabra aparece definida así:

capitán: **1.** Tipo de jefe en el ejército o la policía.

2. El que manda en un barco.

3. Un pez de agua salada.

¿Cuál es el significado que tiene en el poema?

Cuando leemos, nos encontramos con palabras nuevas. En vez de buscarlas en un diccionario, podemos tratar de descubrir lo que significan. ¡Es fácil! Sólo tenemos que leer con cuidado las palabras o las oraciones que vienen antes y después.

Lee los siguientes versos, y observa **la palabra destacada.** Observa **el mapa conceptual y** estudia **las diversas definiciones que tiene la palabra** *bomba*. ¿Cuál de ellas se refiere a la palabra en los versos que leíste?

La **bomba**, ¡ay qué rica es!
¡Me sube el ritmo por los pies!

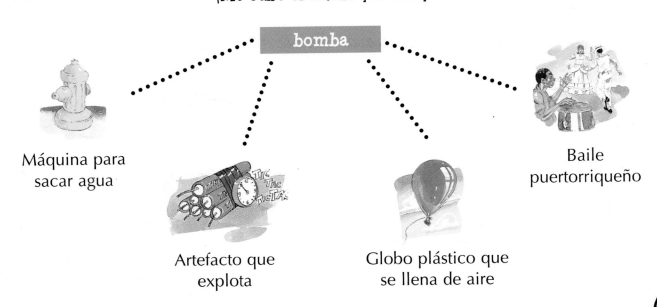

bomba

Máquina para
sacar agua

Artefacto que
explota

Globo plástico que
se llena de aire

Baile
puertorriqueño

Vocabulario: utilizar claves de contexto

Al escribir, queremos que la persona que lee pueda imaginar con claridad lo que describimos. Por eso, muchas veces comparamos a las personas, cosas o lugares con otras que se parecen.

Un símil diría: Mar claro **como** un espejo.
La metáfora diría: Mar claro, pedazo de espejo.

1 **Completa las frases con el pensamiento que venga a tu mente.**

◆ Mi cielo es **como** _____.

◆ Los ríos bajan de la montaña **como** _____.

◆ Los cucubanos vuelan alto **como** _____.

◆ Su brisa es suave **como** _____.

2 **Parea estas cosas de acuerdo con su forma. Luego, escribe un símil con cada pareja de objetos. Sigue el ejemplo.**

◆ Una trompa larga *como una serpiente* .

◆ _____

◆ _____

◆ _____

Redacción: escribir comparaciones

3 Mira **alrededor del salón.** Utiliza **metáforas para convertir los objetos que** observas, **en otras cosas. Por ejemplo:**

Los libros = *cofres de conocimiento*

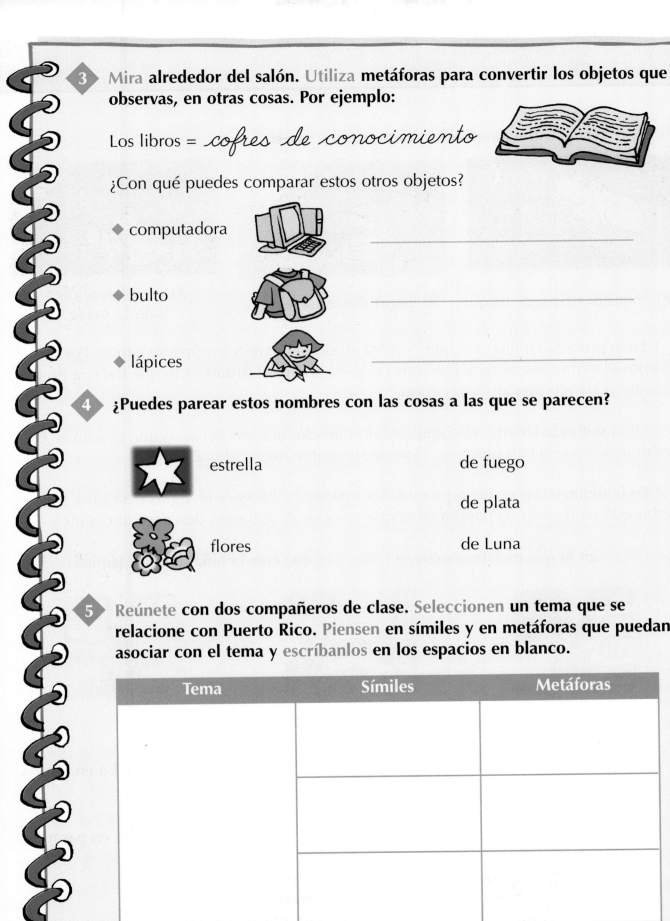

¿Con qué puedes comparar estos otros objetos?

◆ computadora _____

◆ bulto _____

◆ lápices _____

4 **¿Puedes parear estos nombres con las cosas a las que se parecen?**

estrella   de fuego

                                       de plata

flores   de Luna

5 Reúnete **con dos compañeros de clase.** Seleccionen **un tema que se** relacione **con Puerto Rico.** Piensen **en símiles y en metáforas que puedan** asociar **con el tema y** escríbanlos **en los espacios en blanco.**

Tema	Símiles	Metáforas

Redacción: escribir comparaciones

Observa **estas ilustraciones, y** lee **las oraciones.**

El coquí descansará luego.

El coquí descansa ahora.

El coquí descansó
toda la tarde.

En la primera lámina, el coquí tomará su siesta cuando termine de cantar. Por eso usamos el verbo *descansará*. Ese verbo está en futuro. El **futuro** es lo que todavía no ha pasado. ¿Cuándo descansará el coquí?

En la segunda lámina, el coquí está durmiendo; por eso decimos que descansa. El verbo *descansa* está en presente. El **presente** quiere decir "ahora".

En la última lámina, el coquí está despertándose. Usamos el verbo *descansó*. Ese verbo está en pasado. El **pasado** es lo que ya ocurrió. ¿Cuándo descansó el coquí?

1 Piensa **en lo que hiciste anoche, e** imagínate **que eres la niña de estas láminas.**

◆ ¿En cuál todavía no te habías dormido? Escribe**, debajo del dibujo, el verbo en futuro.**

◆ ¿En cuál estás durmiendo? Escribe **el verbo en presente.**

◆ ¿En cuál ya dormiste y te estás levantando? Escribe**, en el blanco, el verbo en pasado.**

Recuerda: El **pasado** se refiere a lo que ya ocurrió; el **presente**, a lo que está pasando; y el **futuro**, a lo que todavía no ha ocurrido.

Gramática: reconocer y distinguir los tiempos verbales

Lee **las siguientes oraciones y** fíjate **en los verbos.** Rodea **los verbos singulares y** subraya **los plurales.**

◆ El niño **entrará** a las Cuevas de Camuy.

◆ Los niños **entrarán** a las Cuevas de Camuy.

◆ "Mi abuela **nada** en la playa de Boquerón."

◆ "Nuestras abuelas **nadan** en la playa de Boquerón."

Escribe **cada una de las oraciones anteriores en el espacio que corresponde.** Fíjate **en el ejemplo.**

Futuro singular	Futuro plural

Presente singular	Presente plural
Mi abuela nada en la playa de Boquerón.	

2 **Estas oraciones están en presente.** Cámbialas **a pasado.** Sigue **el ejemplo.**

◆ El coquí canta todas las noches.

  El coquí **cantó** todas las noches.

◆ Vamos de excursión al Parque de las Cavernas del Río Camuy.

  _____

◆ Mara pasea por la playa.

  _____

◆ Mis papás y yo vivimos en Yauco.

  _____

Gramática: reconocer accidentes del verbo, concordancia entre sujeto y predicado

1 Estas oraciones están en tiempo presente singular. Cámbialas a tiempo pasado plural.

Juan pasea por El Yunque. _____

El coquí duerme durante el día. _____

Carla corre a caballo. _____

2 En el poema "Canción de la Isla chiquita", el coquí "acompaña a la niña bendita y le canta una nana sin descansar". Observa el mapa conceptual y escribe, en cada flor, el tiempo correcto de los verbos *cantar*, *descansar* y *acompañar*.

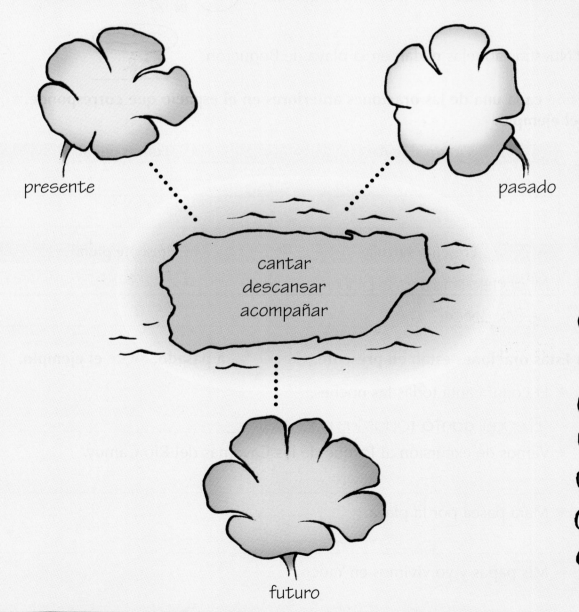

presente

pasado

cantar
descansar
acompañar

futuro

Gramática: los tiempos verbales

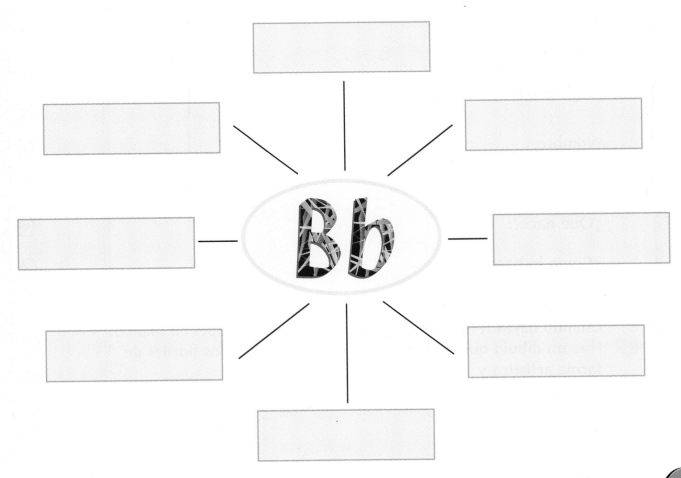

Lee el poema en voz alta y observa las palabras destacadas.

Puerto Rico:
bella, **bendita**, **benigna** eres tú.
Bailas abrazando la **brisa**.
Batalla siempre con valentía,
Isla **bonita**.

Marisol Cuevas Del Valle
(puertorriqueña)

Completa los espacios con las palabras del poema que contienen la letra *b*.

Ortografía: uso de la *b*

1 **Fíjate** en el poema de la página anterior. ¿Qué notas cuando lo lees en voz alta?

_____

_____

_____

_____

2 **Practica** escribiendo tu poema. **Piensa** en un nombre propio o común que comience con *Bb*. **Añade** un adjetivo con el mismo sonido. Luego, **piensa** en una palabra que indique qué hace. Finalmente, **piensa** en una palabra que describa cómo lo hace. **Observa** el ejemplo. **Completa** los blancos con tus palabras.

Nombre:	Benito
Adjetivo:	bueno
¿Qué hace?:	batea
¿Cómo lo hace?:	bajito.

Nombre:

_____

Adjetivo:

_____

¿Qué hace?:

_____

¿Cómo lo hace?:

_____

◆ **Cuando hayas terminado tu poema, **pásalo** a un papel en blanco. **Haz** un dibujo que ilustre la idea central. **Decora** los bordes de forma artística y **exhíbelo** en el salón.

Ortografía: uso de la *b*

Tal vez nunca hayas encontrado un diamante genuino. Sin embargo, si sigues las instrucciones, podrás crear uno con palabras. Asegúrate de que todas las palabras se relacionen con el título.

◆ Selecciona **un tema sobre el cual desees escribir.**

◆ Escribe **un nombre propio o común en la primera línea. Éste será el título.**

◆ Escribe **dos adjetivos en el primer verso.**

◆ Escribe **tres verbos en el segundo verso.**

◆ Escribe **cuatro nombres comunes en el tercer verso.**

◆ Escribe **tres verbos en el cuarto verso.**

◆ Escribe **dos adjetivos en el quinto verso.**

◆ Escribe **en el sexto verso el mismo nombre que escribiste en el primero.**

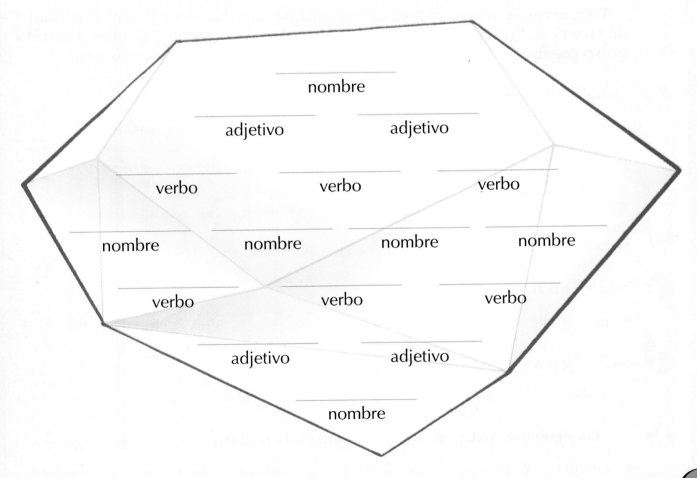

Destrezas y hábitos de estudio: seguir instrucciones escritas

REPASO

1 Escribe, en tu libreta, una oración con cada palabra según su significado.

- ◆ hojear
- ◆ ojear
- ◆ bota
- ◆ vota

2 Menciona un sinónimo para cada una de estas palabras.

- ◆ mondar
- ◆ lancha
- ◆ inventor
- ◆ pequeño

3 Menciona el antónimo de estas palabras.

- ◆ mayor
- ◆ rápido
- ◆ dificilísimo
- ◆ flaquito

4 Colorea los recuadros que tienen verbos.

| correr | teatro | dormir | tragar | reloj | abrir |

5 Subraya el verbo que va con el sujeto.

Tres cerditos (vivía, vivían) en un bosque. Un día, José (trató, trataron) de cogerlos. Primero (atrapó, atraparon) al cerdito gordo y grande. Cuando quiso coger otro, éste se le (soltó, soltaron) y se (escapó, escaparon).

6 Cambia los verbos. Fíjate en los ejemplos. Usa letra cursiva.

Ustedes	Tú	Yo	Nosotros
hablaron	*hablaste*	caminaba	*caminábamos*
estudiaron		repasaba	
terminaron		cantaba	

7 Escribe r o rr.

- ◆ a___oz
- ◆ o___eja
- ◆ bu___o
- ◆ ___ama
- ◆ ca___ete___a

8 Escribe g o j.

___allo   ___orra   ___uante   ___oroba   a___o   ove___a

9 Lee las siguientes palabras. Algunas están mal escritas. Subráyalas y corrígelas.

- ◆ cevolla
- ◆ calabaza
- ◆ sávado
- ◆ bomvón
- ◆ cavar
- ◆ obedecer

PROYECTO

Un poema en forma de acróstico

Piensa en una palabra que relaciones con Puerto Rico. Por ejemplo: coquí, mar, plena, playa, Yunque, pasteles, calor. **Una vez la selecciones, escríbela en forma vertical. Luego, junto a cada letra, y comenzando con ésta, escribe una palabra, una frase o una oración que se relacione con la palabra o con Puerto Rico. Observa los ejemplos:**

Sol

S iento la brisa

O igo el mar

L ibre me siento bajo el palmar

Isla

I mportante

S erena

L inda

A migable

Una vez hayas terminado tu poema, haz lo siguiente:

1. Escríbelo, en letras grandes, en una cartulina.
2. Destaca la primera letra de cada línea con escarcha, marcadores, papelitos de colores, crayolas, témperas o cualquier otro material.
3. Ilustra y colorea tu acróstico.
4. Exhíbelo en el salón.

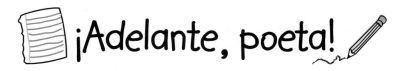

¡Adelante, poeta!

Mi antología

El maestro

Don Conejo Trejo,
el nuevo vecino,
es un buen maestro,
gordo y **bonachón**.

Todas las mañanas
a las ocho en punto,
con una campana
llama a los conejos.

Debajo de un árbol
tiene su escuelita.
Temprano, temprano,
llegan sus alumnos.

Don Perico, el Rico,
enseña canciones,
y los conejitos,
siempre **retozones**,
leen en su libro
bonitas lecciones.

Tomado del libro *Tío Conejo y Tío Coyote*
Ricardo Estrada h.
(guatemalteco)

bonachón: muy bueno.
retozones: juguetones.

La Luna va a la escuela

El niño llegó con puntualidad a la escuela. Eran las siete de la mañana. Escuchó con interés lo que dijo la maestra.

Ese día, conoció la forma y el movimiento de los planetas, la vida de algunos animales, las raíces de los árboles. Salió dos veces al recreo y otras a tomar agua.

Camino de su casa, los compañeros lo invitaron a jugar con aviones de papel. Sin **meditarlo**, el niño sacó rápido su **cuaderno**, hizo su avión y lo tiró con fuerza. El juguete se elevó hasta perderse de los ojos infantiles.

La Luna vio el objeto con rayas, letras y dibujos. Le dio vueltas por revés y derecho. Después, leyó con curiosidad las notas del avión de papel.

Hoy, la Luna sabe mucho sobre la Tierra porque el niño al salir de la escuela siempre juega, con sus amigos, aviones de papel.

Rubén Berríos H.
(hondureño)

meditarlo: pensarlo.
cuaderno: libreta.

Los libros

(fragmento)

Por el camino de los libros, se puede ir muy lejos. De palabra en palabra, los ojos de los niños pueden llegar al mar y conocer islas.

Los ojos de los hombres, por el camino de los libros, pueden cruzar las cordilleras y conocer los ríos que viven en los mapas apenas dibujados con líneas de colores.

Si se pusieran sobre el suelo las hojas de los libros, de verdad formarían un camino, muy largo y muy hermoso, por el cual se podría dar la vuelta a la Tierra cuantas veces quisieran las plantas de los pies.

Generosos y buenos son los libros. Se dejan recorrer por los ojos del hombre, sin ocultar las maravillas escritas en sus páginas.

Éstas se abren como flores, se ofrecen como selvas, se regalan como países.

Mientras los hombres pisan el papel, aprenden muchas cosas: que la vida es sagrada, que los soldados mueren en la guerra, que las ciudades más azules son las que se construyen a la orilla del mar.

Leer es caminar. El que quiera volverse grande y conocer sus reinos interiores, que empiece a caminar por el camino de los libros y a mirarse en las hojas numeradas.

Carlos Castro Saavedra
(colombiano)

Adivinanzas

Hojas tengo
y no soy árbol,
lomo tengo
y no soy caballo.

(El libro)

Entra el estudioso,
nunca el holgazán,
va buscando libros
que allí encontrará.

(La biblioteca)

Paisajes

Entre mi hogar y mi escuela,
hay un caminito largo
de flamboyanes y yerbas,
de lirios, rosas y nardos.

Cada **guijarro** parece
una perla del camino,
y en cada rama se mece
una promesa de nidos.

Entre mi hogar y mi escuela,
hay un cuadro hecho de luces.
Lo pintó la primavera
con sus pinceles de nubes.

Aida Busó Negrón
(puertorriqueña)

guijarro: piedra pequeña y redonda.

Adivinanzas

Dedos tiene dos,
piernas y brazos no.

(*La letra D*)

Soy un palito
muy derechito
y encima de la frente
llevo un mosquito.

(*La letra I*)

Una en la Tierra,
una en la Luna;
pero en el cielo
no encontrarás ninguna.

(*La letra A*)

La escuela
(adaptación)

A veces
la escuela
tiene música
y arco iris de letras.

Una ardilla
que cuenta
hasta un millón
sale a hacer **volteretas**.

Hay un lápiz
que dibuja los sueños
y un pincel
que es una marioneta.

A veces
la escuela
es una mariposa...

Mabel Morvillo
(costarricense)

volteretas: vueltas.

¡Qué gozo!

¡Qué gozo ir a la escuela!
¡Qué bueno es estudiar!
¡Ya escribo como un sabio
mesa, *papá* y *mamá*!
¡Ya sé lo que es un nombre!
¡Ya sé lo que es plural!

Virgilio Dávila
(puertorriqueño)

¿Qué seré yo?

Somos los niñitos,
que vamos a aprender,
en la escuela cosas
que nos da el saber.

Yo quiero ser ingeniero,
ayudado siempre de mis obreros.

Yo seré, verás, el médico del pueblo,
adonde llevarán a todos los enfermos.

Yo te ayudaré como enfermera,
para repartir las medicinas de la escuela.

Yo seré abogado,
para **impartir**
las órdenes y leyes
que se deben cumplir.

Yo te ayudaré como secretaria
y el trabajo estará al día,
en todas las áreas.

Yo seré bombero
y enseñaré
a cuidarte siempre
del mal que hace arder.

Yo seré maestra
y les enseñaré
a otros niñitos
que quieran aprender.

Tomado de *Antología Comunicativa 2*
Grupo Editorial Norma

impartir: comunicar.

Seré aviador

Cuando sea grande
seré aviador,
romperé nubes
con mi motor.
Rey del espacio
me sentiré.
Todos los niños conoceré:
el africano, el japonés,
y al vietnamés.
¡Desde mi Isla,
alas tendré
y hasta en Turquía
aterrizaré!

Casandra Rivera
(puertorriqueña)

Los olores del trabajo

Yo me sé los olores del trabajo:
los cocineros huelen a ajos,
a tierra huelen los campesinos,
a mar y a peces los marinos,
a grasa y humo los obreros,
a madera los carpinteros;
la bata blanca del doctor
siempre tiene un buen olor.

Pero los flojos no tienen sal,
son desabridos y huelen mal.

Gianni Rodari
(italiano)

"Haz lo necesario para lograr tus deseos, y acabarás lográndolos."

Beethoven
(alemán)

Somos colaboradores

Una mañana, mucho antes de que Carpintero llegara al taller, sus herramientas decidieron hablar para **considerar** cuál de ellas estaba presentando problemas en su trabajo.

El primero en hablar fue el hermano Martillo. Todos le pedían que renunciara porque hacía demasiado ruido en su trabajo. Martillo dijo:

—Si tengo que salir del taller, también debe irse **Barreno**. Él es muy insignificante.

El hermano Barreno dijo:

—Está bien, pero debe irse conmigo Tornillo, pues hay que darle vuelta tras vuelta y no se llega a ninguna parte.

El hermano Tornillo dijo entonces:

—Si lo quieren así, me iré, pero el Cepillo también debe irse. Su trabajo es superficial y no hace nada de profundidad.

A esto, el hermano Cepillo replicó:

—Bueno, si yo me retiro tendrá que retirarse Regla. Ella siempre está midiendo a los demás como si fuera la única que está en lo correcto.

La hermana Regla se quejó de la hermana **Lija**, y dijo:

—No me importa que Lija sea más áspera de lo que debe ser, pero siempre trata de modo poco amable a la gente.

En medio de la discusión, llegó Carpintero antes de lo esperado. Había ido a trabajar como todos los días; se puso el delantal y comenzó a hacer un **estante** para libros.

Usó a Tornillo, a Barreno, a Lija, a Martillo, a Cepillo y otras herramientas. Terminada su labor, Carpintero se marchó muy satisfecho.

Entonces, el hermano Serrucho se levantó y dijo:

—Hermanos, ¡me he dado cuenta de que todos somos colaboradores! ¡Todos nos necesitamos unos a otros para hacer bien un trabajo!

Anónimo

considerar: reflexionar.
barreno: barra de hierro que sirve para hacer agujeros.

lija: papel áspero que se utiliza para suavizar la superficie de la madera.
estante: tablillero.

La boda de la mariposa

—Te vamos a casar, mariposa de colores, te vamos a casar.
Tus madrinas serán las flores.

—¿Y por qué me he de casar **sin hacerme de rogar**?

—Te vamos a casar, mariposa de colores, te vamos a casar.
Tus madrinas serán las flores.

—Yo —dice el caracol— te daré para mansión,
mi amiga **tornasol**, te daré mi habitación.

—Lo que da un amigo fiel, yo lo acepto siempre de él.

—Yo —dijo la hormiguita— de mi rica **provisión**
te daré una migajita y de granos un montón.

—¡Oh, qué buena comidita! ¡Oh, qué gran comilón!

La abeja de oro habló: —Te daré mi mejor miel.
El postre yo te regalaré.

—Gracias mil, abeja fiel, ¡y qué buena es tu miel!

—Yo —dijo el grillo— iré a la fiesta
para tocar mi guitarra, y te cantaré.

—Completaré la orquesta —dijo una cigarrra—
yo llevo mi timbal y mi **pífano** también.

—Gracias, grillo, no está mal;
cigarrita, está muy bien.

—Por ti voy a brillar —el **cocuyo** prometió—
pues quiero iluminar, tus bodas sin cesar.

—Gracias a todos y a todas; serán **soberbias** mis bodas.
Y ya me quiero casar.

—Por ti voy a brillar —el cocuyo prometió.—
No te hagas de rogar.

Amado Nervo
(mexicano)

sin hacerme de rogar: sin que me supliquen.
tornasol: que cambia de color al darle la luz.
provisión: conjunto de alimentos.

pífano: flauta.
cocuyo: cucubano.
soberbias: hermosas, admirables.

El sastre

Un niño tenía mucho frío.
Dijo a su sastre:
    —Necesito un vestido.
El sastre dijo al tejedor:
    —Necesito un paño de tela.
El tejedor dijo a la oveja:
    —Necesito tu lana.
La oveja dijo al prado:
    —Necesito hierba.
El prado dijo al labrador:
    —Necesito de riego.
El labrador regó el prado.
El prado dio hierba.
La hierba dio alimento a la oveja.
La oveja dio la lana.
Con la lana, el tejedor hizo tela.
El sastre hizo el vestido,
y el vestido quitó el frío al niño.

Anónimo

El cojo y el ciego
(adaptación de un cuento tradicional)

Un cojo y un ciego se encontraron en un camino. El cojo vio cómo el ciego tropezaba y caía.

—¿A dónde vas? —le preguntó el cojo al ciego.

—Voy al pueblo —le respondió éste.

—Llegaré muy tarde, pues como soy ciego, no adelanto mucho.

—Yo —contestó el otro— tampoco adelanto mucho. ¡Ah, si tuviera tus piernas, otro sería mi cantar!

—Podemos ayudarnos —dijo el cojo. —Yo pondré mi vista y tú pondrás tus piernas.

El cojo subió a la espalda del ciego, guiándole. Muy pronto llegaron adonde iban.

Gladys Pagán de Soto
(puertorriqueña)

Juan Después

Había una vez un niño que no conocía el valor del tiempo. Entonces, cuando sus padres le indicaban algo, él decía:

—Después lo haré, después tendré tiempo, después lo alcanzaré.

Y en todo el barrio, lo conocían por Juan Después.

Cansada su madre de que todo lo dejara para más tarde, se dispuso a corregirlo. Un día, sus padres almorzaron sin avisarle. Juan, preocupado por la demora, se dirigió al comedor y vio que, allí, no había nadie. Decidió quejarse a su madre, pero ella contestaba, a cada pregunta de su hijo, así:

—No te preocupes, hijo, después podrás, después almorzarás, después veremos.

Y Juan se quedó sin almuerzo. Estuvo llorando un rato, hasta que logró entender la enseñanza de su madre.

Constancio C. Vigil
(uruguayo)

El arco iris y el camaleón

Un camaleón orgulloso, que se burlaba de los demás por no cambiar de color como él, pasaba el día diciendo:

—¡Qué bello soy! ¡No hay ningún animal que vista tan **señorial**!

Todos admiraban sus colores, pero no su mal humor y su vanidad.

Un día, paseaba por el campo cuando, de repente, comenzó a llover. La lluvia dio paso al Sol y éste a su vez al arco iris.

El camaleón alzó la vista y se quedó sorprendido al verlo, pero envidioso dijo:

—¡No es tan bello como yo!

—¿No sabes admirar la belleza del arco iris? —dijo un pequeño pajarillo que estaba en la rama de un árbol cercano—. Si no sabes valorarlo —continuó— es difícil que conozcas las verdades que te enseña la naturaleza. ¡Si quieres, yo puedo ayudarte a conocer algunas!

camaleón: reptil que cambia de color.
señorial: elegante.

—¡Está bien! —dijo el camaleón.

—Los colores del arco iris te enseñan a vivir, te muestran los sentimientos —dijo el pajarito.

El camaleón le contestó:

—¡Mis colores sirven para **camuflarme** del peligro, no necesito sentimientos para sobrevivir!

—¡Si no tratas de descubrirlos, nunca sabrás lo que puedes sentir a través de ellos! Además, puedes compartirlos con los demás como hace el arco iris con su belleza —volvió a decirle paciente el pajarito.

El pajarillo y el camaleón se **tumbaron** en el prado. Los colores del arco iris se posaron sobre los dos, haciéndoles cosquillas en sus cuerpecitos.

El primero en acercarse fue el color rojo, subió por sus pies y de repente estaban rodeados de manzanos, de rosas rojas y anocheceres.

El color rojo desapareció y en su lugar llegó el amarillo revoloteando por encima de sus cabezas. Estaban sonrientes, alegres, bailaban y olían el aroma de los claveles y las orquídeas.

El amarillo dio paso al verde que se metió dentro de sus pensamientos. El camaleón empezó a pensar en su futuro, sus ilusiones, sus sueños y recordaba los amigos perdidos.

Al verde siguió el azul oscuro. El camaleón sintió dentro la profundidad del mar; peces, delfines y corales le rodeaban. Daban vueltas y vueltas, y los pececillos jugaban con ellos. Salieron a la superficie y contemplaron las estrellas. Había un baile en el cielo y las estrellas se habían puesto sus mejores **galas**. El camaleón estaba entusiasmado.

La fiesta terminó y apareció el color azul claro. Comenzaron a sentir una agradable sensación de paz y bienestar. Flotaban entre nubes y miraban el cielo. Una nube dejó caer sus gotas de lluvia y se mojaron, pero estaban contentos de sentir el frescor del agua. Se miraron a los ojos y sonrieron.

El color naranja se había colocado justo delante de ellos. Por primera vez, el camaleón sentía que compartía algo y comprendió la amistad que le ofrecía el pajarillo. Todo se iluminó de color naranja. Aparecieron árboles frutales y una gran alfombra de flores.

camuflarme: ocultarme.   **galas:** vestidos.
tumbaron: acostaron.

Cuando estaban más relajados, apareció el color **añil**, y de los ojos del camaleón cayeron unas lagrimitas. Estaba arrepentido de haber sido tan orgulloso y de no valorar aquello que era realmente hermoso. Entonces, pidió perdón al pajarillo y a los demás animales, y desde aquel día se volvió más humilde.

Marisa Moreno
(española)

añil: azul intenso.

Lo mejor

Bueno es que llegues a ser grande,
pero es mejor aún que sigas siendo niño.

Bueno es que te amen,
pero es mejor que ames tú.

Bueno es saber hablar,
y mejor saber escuchar.

Bueno es que te aplaudan,
pero es mejor que te señalen tus
defectos.

Bueno es tener de sobra
y mejor sólo lo necesario.

Bueno es que te ayuden,
y mejor triunfar solo.

Constancio C. Vigil
(uruguayo)

Perdió el tiempo

Ningún oficio tenía.
Se pasó el tiempo jugando.
Nunca hizo caso a sus padres,
que estaban preocupados
de ver que su único hijo
era un verdadero vago.

Se pasó el tiempo jugando
y ahora, como la cigarra
que no trabajó en verano,
pasa por necesidades
que pudo haber evitado.

Ahora quiere trabajar,
pero no encuentra trabajo,
y es que no sabe hacer nada...

José Arribas
(argentino)

"No podrás saber de lo que eres capaz si no lo intentas."

Sirio
(latino)

Adiós, adiós

El tren ya se va,
por el campo y por la loma;
en la estación, se quedaron
solamente las palomas.

Adiós, botes; adiós, lanchas,
adiós barcos marineros;
por el agua azul y verde,
¡recorran el mundo entero!

Y yo también me despido,
hasta pasado mañana,
voy a dar, con mi triciclo,
diez vueltas a la manzana.

Anónimo

Adivinanzas

Todos me pisan a mí,
pero yo no piso a nadie;
todos preguntan por mí,
yo no pregunto por nadie.

(El camino)

No me hace falta sacar pasaje;
me mojan la espalda
y me voy de viaje.

(El sello postal)

Cuatro burritos ruedan y saltan;
corren y corren, y nunca se cansan.

(Las ruedas del carro)

Vamos de paseo

El viajar es un placer,
que nos puede suceder
en el auto de papá,
nos iremos a pasear.

Vamos de paseo,
sí, sí, sí,
en un auto viejo,
pero no me importa,
porque llevo **torta**.

Por el túnel pasarás,
la bocina tocarás,
la canción del pli, pli, pli,
la canción de pla, pla, pla.

(se repite)

Canción tradicional

torta: pastel, bizcocho.

Buen viaje

Con la mitad de un periódico
hice un barco de papel,
y en la fuente de mi casa
va navegando muy bien.

Mi hermana con su abanico
sopla que sopla sobre él.
¡Muy buen viaje, muy buen viaje
buquecito de papel!

Amado Nervo
(mexicano)

El fantasma

(adaptación)

El día que la familia Fernández se mudó a su casa nueva llovía **a cántaros**. Cuando terminaron de bajar todas las cajas y los canastos de la mudanza, comenzaba a anochecer. El papá quiso encender las luces, pero no funcionaban. Así que buscaron unas velas y las encendieron.

—Tengo miedo —dijo Martín cuando llegó la hora de ir a dormir.

—Yo también —contestó Lucas, su hermano.

Es que era una casa antigua y muy grande, y por todos lados había bultos que entre las sombras parecían monstruos espantosos.

Sus padres los tranquilizaron y les dieron muchos besos.

—Duérmanse pronto, que mañana tenemos que acomodar todo.

Pero ellos no podían cerrar ni siquiera un ojo. Por la ventana, veían los relámpagos y, a cada rato, se escuchaban truenos que hacían temblar toda la casa. Los padres se quedaron dormidos enseguida porque estaban muy cansados, pero Lucas y Martín seguían despiertos. A las doce de la noche, empezaron a escuchar ruidos extraños.

—CRASH, PLIM, PUM, TRAC,...

—¿Oíste eso? —preguntó Lucas.

—Sí, debe ser un fantasma —contestó Martín.

Y los dos corrieron a la cama de sus padres y los despertaron.

—Hay un fantasma en la casa —gritaban.

—Pero, niños, los fantasmas no existen —decía el papá—. Vuelvan a la cama que tengo mucho sueño.

En ese momento, se oyó: CLIN, CLAN, CLUN... Alguien tocaba las teclas del piano.

—Será mejor que vayamos a ver —dijo el papá.

Bajaron las escaleras en la punta de los pies. Primero iba el papá, después la mamá y, atrás, Lucas y Martín. Y entonces...

a cántaros: con mucha fuerza.

—CLIN, CLAN, CLUN... —vieron un gato negro que caminaba por el teclado.

—Ahí tienen a su fantasma —contestó el papá alzando al gatito.

—¡Qué lindo! ¡Y es **mimoso**! —dijeron los niños mientras lo acariciaban y el gato les ronroneaba—. ¿Podemos quedarnos con él?

—Está bien —contestaron sus padres—. ¿Qué nombre le van a poner?

Lucas y Martín se miraron, y dijeron al mismo tiempo:

—Fantasma.

Liliana Cinetto
(argentina)

mimoso: cariñoso.

Concierto

El gato maúlla,
la paloma arrulla
y el coyote aúlla.
Bala la oveja
y susurra la abeja.
Gruñe el cerdo
en verano e invierno.
El león ruge
y la vaca muge.

El grillo canta: ¡cri-cri!
y el ratón grita: ¡uiii-uiii!
El murciélago chilla
si en su cueva algo brilla.
El perro ladra,
aunque no pase nada.
La gallina cacarea
y el loro parlotea.

Croa la rana,
si le da la gana.
Zumba la mosca
y se pasa de rosca.
Ronca el oso;
grazna el pato patoso.
El caballo relincha
y su garganta se hincha.

El búho canta
y las sombras espanta.
Y el mono ¿qué murmura?
¡Que su vida es muy dura!
Pero soy yo el primero,
pues yo hablo,
y canto, y grito, y vocifero...

Tomado de *Descubramos nuestro mundo*
Grupo Editorial Norma

Acertijo

¿Cuál es el animal que tiene silla, pero no se puede sentar?

(El caballo)

El perro de los bomberos

(adaptación)

Con frecuencia, cuando se producen incendios en las ciudades, los niños quedan atrapados en las casas por las llamas y es imposible sacarlos, porque están tan asustados que se esconden y se quedan callados, y el humo no permite encontrarlos.

En Londres, hay perros **amaestrados** para rescatar a los niños de las llamas. Los perros viven con los bomberos y, cuando se incendia una casa, éstos los envían a **socorrer** a los pequeños.

Uno de estos perros, llamado Bob, ha salvado a doce niños en Londres. Un día, una casa se incendió. Cuando llegaron los bomberos, una mujer corrió a su encuentro. Lloraba y decía que su niña de dos años estaba dentro de la casa. Los bomberos enviaron a Bob a rescatarla.

El perro se lanzó por la escalera y desapareció entre el humo. Minutos más tarde, reapareció con la niña, sosteniéndola por la camisa con los dientes.

La madre se arrojó sobre su hija y se deshizo en lágrimas al ver que la pequeña estaba viva. Los bomberos acariciaron al perro y lo examinaron para ver si tenía quemaduras.

Bob parecía inquieto: quería entrar en la casa de nuevo. Pensando que alguien más necesitaba ser socorrido, soltaron al perro, que **se precipitó** hacia la casa y volvió a salir casi inmediatamente con algo entre los dientes. La gente se echó a reír cuando vio lo que traía: era una muñeca.

León Tolstoi
(ruso)

amaestrados: adiestrados.
socorrer: ayudar.
se precipitó: corrió.

Chistes

Una mosca le dice a la otra:
—¿Sabes? Se me pasa el día volando.

Una serpiente a la otra:
—¿Tú sabes si somos venenosas?
—¿Por qué preguntas?
—Porque me mordí la lengua.

En la palabra zoológico

En la palabra Zoológico...
hay un **Zorrino insolente**,
dos Osos blancos enanos,
un León flaco, con lentes,
un Oso calvo, africano,
un Gorila **impertinente**,
una Iguana nadadora,
una Cebra peleadora
y otro Oso negro, sin dientes...

Debiera estar enjaulada:
¡es palabra peligrosa!
La gente no nota nada...
la deja suelta... ¡Qué cosa!

©Elsa Bornemann
(argentina)

zorrino: zorro.
insolente: orgulloso, soberbio, atrevido.
impertinente: inoportuno.

Mariposa

Mariposa del aire,
qué hermosa eres,
mariposa del aire
dorada y verde.
Luz del **candil**,
mariposa del aire,
¡quédate ahí, ahí, ahí!...
No te quieres parar,
pararte no quieres.
Mariposa del aire
dorada y verde.
Luz del candil,
mariposa del aire,
¡quédate ahí, ahí, ahí!...
¡Quédate ahí!
Mariposa, ¿estás ahí?

Federico García Lorca
(español)

candil: lámpara.

El patito

Tengo un patito
cuac, cuac,
cuaquero,
cual andar de
botecito,
bote y botero,
alas y picos
remos, remeros,
siempre remando
va mi patito
mares soñando
por los charquitos
de agua de sol
y las charcazas
de corazón.

Casandra Rivera
(puertorriqueña)

El grillito
(trabalenguas)

Un grillo grillito grillote
se perdió
en la grieta de una **gruta**
y **tamaña** gritería formó.
Grita que grita el grillito
buscando al sol
grita que grita gritando
Mamá Grilla lo encontró.

Casandra Rivera
(puertorriqueña)

gruta: cueva.
tamaña: semejante, tal.

José Ferrer, nuestro primer rey en Hollywood
(adaptación)

El actor José Ferrer entró a la Universidad de Princeton para estudiar Arquitectura, pero, una vez allí, no tardó en involucrarse en producciones teatrales universitarias.

En el año 1935, **debutó** en Broadway, dedicándose por más de diez años a perfeccionar su talento. Cuando le hicieron su primera oferta en el cine, ya él era una estrella de **las tablas**.

Su primera aparición en el cine fue en la película *Juana de Arco*. Su actuación fue **nominada** para un premio ***Oscar*** en el año 1949. Posteriormente, en 1950, interpretó su **rol** más conocido: Cyrano de Bergerac. En esta ocasión, no sólo logró la nominación al *Oscar* sino que ganó el premio como mejor actor.

En 1952, regresó al cine como protagonista de la cinta *Moulin Rouge.* Su dedicación a las artes no conocía límites. Ferrer, quien medía más de seis pies, aceptó interpretar de rodillas a su personaje: un pintor francés que no medía ni cinco pies de altura. Esta caracterización fue reconocida por los críticos, alabada por el público y nominada nuevamente para un premio *Oscar* en el año 1953.

Aunque vivió fuera de la Isla, José Ferrer siempre estuvo orgulloso de su País. Prueba de ese afecto fue la donación que hizo de su *Oscar* a la Universidad de Puerto Rico.

La labor de este actor puertorriqueño no sólo marcó el paso y dio el ejemplo, sino que demostró que el éxito es posible si uno se esmera. Ferrer conquistó a Hollywood y reinó allí como todo un rey. Su legado ha hecho posible que hoy, más de 50 años después, numerosos actores puertorriqueños intenten y logren hacer sus sueños de actuación una realidad en Hollywood.

por ***Jennice Fuentes***
(puertorriqueña)
Tomado de la Revista *Caras*

debutó: comenzó.
las tablas: los escenarios de teatro.
nominada: nombrada, seleccionada.

Oscar: premio que se otorga para reconocer a los mejores talentos del cine.
rol: papel.

Pensamiento

"Puedes llegar a cualquier parte, siempre que andes lo suficiente."

Lewis Carroll
(inglés)

Premio Nobel Juvenil Boricua

(adaptación)

Dorimar Morales, puertorriqueña **de pura cepa**, es nuestro primer *Premio Nobel Juvenil*. Lo ganó en el 2000 en la categoría de Ciencias Ambientales.

Buscando cangrejos para hacer un proyecto, encontró en un **manglar** de *Playa Azul*, en Luquillo, una especie de estos animales que se suponía desaparecida en el mundo. Los expertos quedaron sorprendidos con el hallazgo. De Estados Unidos le asignaron a Dorimar, quien entonces tenía 15 años, que llevara a cabo una investigación sobre la reproducción de ese cangrejo y cómo era afectada por el medio ambiente.

Su investigación fue enviada a competir al *Science Talent Search* por el *Premio Nobel Juvenil*, patrocinada por la compañía *Intel*. Su trabajo era uno entre 45 mil de todo el mundo. La única representante del Caribe escuchó su nombre como ganadora del Premio en la ceremonia de premiación celebrada en Washington. "Yo por poco me muero, era como la puerta a muchas cosas y como una especie de culminación de tantos años de esfuerzo y de muchos sueños. Me sentía súper feliz, imagínate la primera puertorriqueña en ganar ese premio", indica la joven.

Gracias a este premio, Dorimar fue reclutada por la *Agencia Central de Inteligencia de Estados Unidos* (CIA) para diseñar un programa de computadora que pueda decir qué tipo de drogas lleva en el cuerpo una persona y en qué **latitud** específica del mundo creció esa planta, tan sólo con analizar su firma. Una vez terminó con su tarea, recibió la medalla de *Agente Federal del Año* a nombre del Presidente de los Estados Unidos.

Hoy Dorimar sueña con crear una institución donde los jóvenes interesados en las ciencias puedan conducir sus investigaciones científicas y de paso prepararse para competencias en el exterior.

por ***Tatiana Pérez Rivera***
(puertorriqueña)
Tomado de la Revista *Caras*

de pura cepa: pura puertorriqueña.
manglar: zona pantanosa de la costa.
latitud: lugar.

El pelotero puertorriqueño, Roberto Clemente

Roberto Clemente nació el 18 de agosto de 1935, en el barrio San Antón de Carolina. Fue el hijo menor de la familia Clemente-Walker.

Don Melchor y doña Luisa, sus padres, vigilaron siempre el desarrollo físico y espiritual de Roberto, quien fue un estudiante aplicado, trabajador y responsable.

Clemente se convirtió en una de las figuras deportivas más grandes de nuestro tiempo cuando los *Dodgers* de Brooklyn lo descubrieron en 1953.

En 1955, pasó al equipo de los Piratas de Pittsburgh, donde inició su carrera ascendente en el béisbol organizado. Clemente no jugó con ningún otro equipo en las Grandes Ligas. Sus dieciocho años de pelotero los jugó siempre frente a la misma **fanaticada**.

Roberto Clemente fue un pelotero de vocación, un genio de su oficio. Fue el jugador número 11 en la historia del béisbol profesional, en el mundo entero, en conectar 3,000 *hits*. Para muchos ha sido el pelotero más distinguido del Caribe.

El 31 de diciembre de 1972, Roberto salió en una misión de buena voluntad a llevar alimentos a las víctimas de un terremoto en Nicaragua. Su avión desapareció a las once y cuarenta minutos de la noche. Clemente y sus compañeros de vuelo murieron trágicamente en él.

fanaticada: partidarios de un equipo deportivo.
hits: bateos que permiten llegar a primera base.

"Ningún gran hombre vive en vano."

Thomas Carlyle
(escocés)

"La obra humana más bella es la de ser útil al prójimo."

Sófocles
(griego)

Coro de Niños de San Juan

(adaptación)

Disciplina y dedicación, esas han sido las claves del éxito internacional del *Coro de Niños de San Juan (CNSJ)*. Estos excepcionales niños, orgullo de nuestra Isla, han cautivado a los públicos más exigentes del mundo entero con sus voces.

Desde 1968, el *CNSJ* ha representado a Puerto Rico excelentemente a través de giras y conciertos que los han llevado a dar la vuelta al mundo. Aparte de sus presentaciones en Puerto Rico, han estado en salas tan prestigiosas como el *Carnegie Hall* de Nueva York; el *Lincoln Center*; el *Hermitage Palace*, en San Petersburgo; el *Kennedy Center* y la *Casa Blanca*, en Washington, y en el *Royal Albert Hall*, en Londres, uno de los teatros más importantes de Europa. También han compartido escenario con el *Coro de Niños de Viena*, considerado el coro más importante del mundo, y han cantado junto a Plácido Domingo y Justino Díaz en diferentes óperas.

Estos *Emisarios de la Buena Voluntad* han logrado colocar a Puerto Rico como uno de los mayores exponentes de la música coral en el mundo.

Actualmente, el Coro ofrece educación musical a nivel de conservatorio a niños talentosos entre las edades de 6 a 17 años. El Coro está formado por más de 200 niños que cantan en 11 idiomas piezas de la Edad Media, **cánticos gregorianos**, **óperas** y música folclórica puertorriqueña y de otros países. Los niños enriquecen sus presentaciones corales con la ejecución de una extensa variedad de instrumentos.

Por: **Sasha Stroman**
(puertorriqueña)
Tomado de la revista *Caras*

cánticos gregorianos: cánticos corales religiosos.
óperas: poemas dramatizados de forma cantada; se acompañan con música.

Pensamiento

"La música es el verdadero lenguaje universal."

Karl M. von Weber
(alemán)

Margarita la computadora

Sabios hombres de Ciencia construyeron la computadora más completa del mundo. La programaron para hacer un estudio de la raza humana, porque los hombres, mujeres y niños habían perdido la **facultad** de llorar y reír.

En su cerebro cuadrado, colocaron toda clase de información. Le hicieron una barriga grande, rellena de alambres y tuercas; unos ojos de luces, unas manos de **garfio** y diez ruedas de goma para trasladarse a su **antojo**. La bautizaron con el número 0000. Era única, exclusiva y sumamente importante.

La encendieron por primera vez una hermosísima mañana de Primavera. El Sol entraba a **raudales** por las ventanas del laboratorio y los pajaritos cantaban alegremente en las copas de los árboles. La computadora sintió cómo el calorcillo del aire le hacía vibrar los mil alambres y piezas de su cuerpo de metal; oyó la melodía de las aves y aspiró el aroma del azahar, de la rosa y la violeta. Se fue llenando toda de la secreta alegría de vivir y dejó oír su primera risa: un gorjeo.

Los hombres de ciencia se sobresaltaron: ¿De dónde provenía ese extraño sonido? Miraron hacia todos lados, pero no vieron a nadie. Sólo a 0000, que empezó a bailar girando con paso de vals por el salón. Los hombres de Ciencia, cada vez más asustados, le preguntaron con esa voz dura y seca del que sabe mucho:

—0000, ¿qué significa esto?

Una voz tierna y melodiosa salió de lo más profundo de la computadora.

—No me llamo 0000, me llamo Margarita; pueden decirme Mar.

Al oírla, los científicos levantaron los brazos en señal de desesperación, se halaron el pelo e iniciaron un rabioso zapateo alrededor de Margarita. Ella los miró divertida. Era frágil la raza humana... Detalles tan pequeños los **exasperaban**. Y volviéndoles la espalda, se deslizó suavemente hacia la puerta.

Al salir el Sol, la hizo brillar como una estrella y ella continuó **majestuosa**, bañada en luz de oro, su camino hacia el mar.

Los científicos gritaban, discutían, peleaban. Llamaron a la policía, a los bomberos, a la ambulancia. Una multitud de curiosos siguió a Margarita, que por fin llegó a la arena y miró las verdes aguas con sus ojos de luces, que reflejaban toda la sabiduría del mundo.

facultad: capacidad.
garfio: gancho de hierro.
antojo: deseo, capricho.

raudales: en abundancia.
exasperaban: enojaban.
majestuosa: grandiosa.

Los miró largo rato. Sintió la suave brisa que atravesaba su cuerpo y empezó a relampaguear. La muchedumbre formó una rueda alrededor de ella. Y, ¡cosa milagrosa!, se mantuvo en silencio contemplando a Margarita. De pronto, se oyó una dulcísima canción que brotaba de lo más profundo de la máquina. Una canción que hablaba de la historia de la Humanidad: las alegrías, las tristezas, los deseos escondidos. Entonces, el mar inmenso se deshizo en lágrimas pequeñas y el corazón volvió a palpitar en el pecho de los hombres.

Floria Herrero
(costarricense)

Dorita

Dorita era una computadora chiquita y antigua que nadie quería. Primero la llamaron con desprecio "la computadorita" y, más tarde, sólo "Dorita". En la empresa habían comprado computadoras modernas y a ella la habían dejado olvidada en un rincón. Un día, llamaron a don Mateo para ordenarle que la botara.

Habían pasado muchos años desde la llegada de Dorita, pero don Mateo aún recordaba la admiración que había provocado en todos. Y ahora, ¡qué injusticia!, le pedían que se deshiciese de ella. Por eso, en lugar de botarla, se la llevó a su casa.

El hijo y la **nuera** lo recibieron con desagrado:
—¿Para qué trajiste algo inservible a la casa?
Pero el nieto, que había nacido ciego, quiso saber:
—¿Qué es? ¿Qué trajiste, abuelo?
—Una computadora que ya no sirve. No tiene colores..., ¡ni siquiera *mouse*! —respondió la mamá.
—Bueno... a mí los colores no me importan. ¿Qué es un *mouse*? ¿Para qué se usa? Y sin esperar contestación preguntó:
—¿Me puedo quedar con ella?
—No sé para qué, pero está bien. La pondremos en tu cuarto —dijo el papá.

Pronto, la familia se llevó una gran sorpresa. Abuelo y nieto descubrieron que Dorita era lo que un ciego necesitaba. Sólo fue necesario instalarle un programa que reconociera la voz humana y Dorita pudo escribir lo que le dictaran. También leía en voz alta las palabras que aparecían escritas en la pantalla del monitor y que el niño no podía ver. Entonces, una noche, el pequeño le dijo a don Mateo:

nuera: la esposa del hijo.

—Te voy a contar un secreto abuelo. Las computadoras sirven para muchas cosas que nadie imagina. ¿Sabías que Dorita tiene dentro toda una biblioteca llena de libros y que me los lee cuando yo quiero? ¡Qué lindo es escuchar cuentos!...

Raquel M. Barthe
(argentina)

Pinocho
(adaptación)

Pepito Grillo llegó a una aldea y se refugió en la única casa donde todavía brillaba una luz. Era el taller de un viejo artesano que daba los últimos toques a una graciosa marioneta de madera. La hizo caminar moviendo los hilos ante la desconfiada mirada de Fígaro, el gato, y del pececillo de colores al que llamaba Cleo.

Gepetto había pasado toda su vida deseando un hijo, y es por eso que cuando vio brillar en el cielo la Estrella Azul, pidió con todo fervor que su deseo le fuera concedido. Aquella noche, mientras Gepetto dormía, hizo su aparición el Hada Azul y dio vida al muñeco advirtiéndole que debía portarse bien para llegar a ser un niño de verdad. Para que le aconsejase sobre su comportamiento nombró a Pepito Grillo conciencia de Pinocho.

Sobran las palabras para describir la alegría que sintió Gepetto al ver vivo a Pinocho. ¡Por fin tenía el hijo tan deseado aunque fuera de madera! A la mañana siguiente, salió a despedirle a la puerta mientras Pinocho marchaba a la escuela, no sin antes advertirle que no hablara con desconocidos. Sin embargo, en el camino se encontró con Honrado Juan, un astuto zorro, y su compinche Gedeón, el gato. Este par de maleantes convencieron a Pinocho para que no fuera a la escuela y le dijeron que su vida estaba en la actuación. Así que lo vendieron a un gitano llamado Stromboli, que tenía un teatro de marionetas.

Pinocho actuó en el teatrillo con gran éxito; pero cuando **manifestó** su deseo de volver a casa, Stromboli lo encerró en una jaula y partió con su carro a otra ciudad.

Pepito Grillo acudió en su ayuda; pero no consiguió **forzar** la cerradura de la jaula. Ya desesperaban cuando apareció el Hada Azul y le preguntó a Pinocho cómo había llegado a ese lugar. El muñeco inventó una historia **inverosímil**. Mientras más mentiras decía, la nariz más y más le crecía. Al fin, pidió perdón y el Hada le liberó, no sin antes recordarle que debía portarse bien.

manifestó: expresó.
forzar: abrir a la fuerza.
inverosímil: increíble.

De regreso a su casa, Pinocho volvió a encontrarse con el zorro y el gato, que consiguieron engañarle una vez más, vendiéndole en esta ocasión un extraño personaje propietario de un lugar llamado la Isla de los Juegos, donde los niños no obedecían a nadie ni se preocupaban por lo que estaba bien o mal. Pinocho hizo de todo: peleó con otros niños, gritó y hasta lanzó piedras a las ventanas. De repente, se dio cuenta de que él y los demás niños se estaban transformando en burros. Ayudado por Pepito Grillo, Pinocho consiguió escapar a tiempo de la isla, pero con orejas de burro y una hermosa cola.

Al llegar a su casa, no encontró a su padre. Pinocho se preocupó mucho, pero una paloma llegó y dejó caer un mensaje que decía: "Pinocho: fui a buscarte, pero una ballena me tragó. Estoy vivo, pero atrapado dentro de ella". Pinocho corrió en su ayuda. Cuando encontró a la ballena, ésta abrió su boca y se tragó varios peces; entre ellos iba Pinocho. Al ver a Gepetto, corrió y lo abrazó. Para poder salir del vientre de la ballena, Pinocho encendió un gran fuego de modo que todo el interior del monstruo se llenó de humo, y cuando la ballena estornudó consiguieron salir a bordo de una balsa.

La ballena, asustada, se **abalanzó** sobre los fugitivos destrozando la balsa de un coletazo. Gepetto estaba demasiado fatigado para nadar, y pidió a Pinocho que se salvara él solo. El muñeco de madera llevó a su padre hasta la orilla, consiguiendo salvarle a cambio de su propia vida.

Mientras Gepetto lloraba la muerte de Pinocho, se apareció el Hada Azul y recompensó el heroísmo del muñeco devolviéndole la vida y transformándolo en un niño de verdad.

Carlo Collodi
(italiano)

abalanzó: lanzó.

Refranes

En boca del mentiroso,
lo cierto se hace dudoso.

Himno a la verdad

No digamos jamás la mentira,
no engañemos a nuestros papás,
que no hay cosa más bella que un niño
cuando sabe decir la verdad.

Respetemos a nuestros mayores,
ocultarles una falta es error;
la verdad es la cosa más bella,
donde está la verdad está Dios.

Ramón Emilio Jiménez
(dominicano)

La pepita de la ciruela

(adaptación)

Un día, la mamá de Camila fue a la plaza del mercado. Compró unas ciruelas frescas para dárselas de postre a su esposo y a sus hijos. Al llegar a la casa, la mamá puso las frutas en un plato. Camila nunca las había comido y no hacía más que olerlas. Le gustaba mucho su color y su **aroma**. Sintió deseos de probarlas. Todo el tiempo andaba **rondando** las ciruelas. Cuando Camila se quedó sola, no pudo aguantarse. Cogió una ciruela y se la comió. Antes del almuerzo, la mamá contó las ciruelas y supo que faltaba una. Se lo dijo al papá.

Durante el almuerzo, el papá preguntó si alguno de sus hijos se había comido una ciruela. Enseguida Ramiro dijo que no y siguió comiendo. Camila se puso roja como una amapola y dijo también que no se la había comido. Entonces el papá, un poco molesto, dijo que alguien estaba mintiendo porque faltaba una ciruela. Nadie dijo ni una palabra.

Al poco rato, el papá empezó a hablar de las ciruelas. Mencionó que son frutas que tienen pepitas. Y que el que no sabía comerlas se podía tragar la pepita. Pero lo peor no era eso. Lo peor era que al tragarse la pepita, la persona se enfermaba.

Camila se puso **pálida** como un papel y dijo en voz baja:
— Tiré la pepita al zafacón.

Todos se echaron a reír, pero Camila lloraba.

León Tolstoi
(ruso)

aroma: olor.
rondando: dando vueltas alrededor.
pálida: sin color en la cara.

Adivinanza

Vuela sin manos,
silba sin boca,
pega sin manos
y no se toca.

(El viento)

233

El pastorcito mentiroso

—¡El lobo! ¡El lobo! ¡Corran!

La voz asustada venía desde lo alto de la colina, donde pastaban todos los días las ovejas de la aldea. Los campesinos que trabajaban en los campos, ante ese grito, levantaban la cabeza y se miraron.

—¡Socorro, el lobo! —grito nuevamente la voz.

No cabía duda: el pastorcito que cuidaba las ovejas allá arriba, cerca del bosque, estaba en peligro.

—Rápido —dijo el campesino más cercano— corramos a ayudar al muchacho. Si hay un lobo, debemos atraparlo.

Y corrieron todos hacia el monte. Las ovejas eran la única riqueza de la aldea y si el lobo las mataba sería un verdadero desastre. Llegaron al sitio y rodearon el bosque para **impedir** que el animal huyera.

—¿Dónde está el lobo? ¿Qué se hizo de él? —preguntaron al pastor.

Éste, muy divertido, dijo:

—¡Ja! ¡Ja! ¡Los embromé! Era una broma y cayeron en ella. ¡Ja! No hay ningún lobo aquí.

Por supuesto, los campesinos se enojaron mucho, pero se limitaron a regañar al chico. Al otro día, mientras trabajaban, oyeron gritar:

—¡Socorro, el lobo! ¡Socorro!

Otra vez el pastorcito. ¿Era posible que se burlara de ellos?

—¿Será verdad? —preguntó uno de los campesinos?

—Pero no —dijo otro—. Ese quiere que corramos para nada.

—Puede ser, pero, ¿y de esta vez estuviera el lobo, de verdad?

De modo que corrieron los campesinos otra vez a ayudar al pastorcito, pero cuando llegaron se encontraron con que se reía burlándose de ellos.

impedir: evitar.

Regresaron al campo, más enojados aún, pero mientras el pastorcito reía divertido, de pronto vio asomar entre las matas el **hocico** amenazante de un lobo. ¡Esta vez era un lobo de verdad! El muchacho empezó a temblar de miedo.

—¡Socorro! —grito asustado—. ¡Socorro, el lobo!

Los campesinos, que lo oyeron, no le hicieron caso ni se movieron.

—Ese chico todavía tiene ganas de bromas —dijeron.

Y así el lobo **dispersó** a las ovejas, mientras el pastorcito mentiroso huía aterrorizado.

Esopo
(griego)

hocico: nariz.
dispersó: separó, alejó.

El lobo pastor

El lobo vagaba con hambre. La suerte había dejado de sonreírle: desde hacía más de una semana no había comido y buscaba desesperadamente un medio rápido para llenar el estómago.

En lo bajo de una colina, vio una manada de ovejas con un pastor y su perro. Los dos estaban profundamente dormidos. Entonces tuvo una idea:

—Tomaré con mucho cuidado el abrigo, el sombrero y el bastón del pastor y me pondré su ropa. Disfrazado de pastor, las ovejas me tomarán por él y me seguirán. Las conduciré hasta mi **guarida** y allí las encerraré. Tendré por fin una buena **reserva** y no estaré obligado a correr en busca de alimento.

Mientras elaboraba su plan, comprobó con satisfacción que el pastor y su perro continuaban profundamente dormidos.

Descendió, a paso de lobo, la suave **pendiente** que formaba la colina y pensó de pronto que para parecerse verdaderamente al pastor, también tendría que hablar como él.

guarida: refugio, cueva.
reserva: provisión.
descendió: bajó.
pendiente: cuesta.

Decidió ejercitarse un poco y, escondiéndose tras un matorral, trató de hablar, pero de su garganta salió un aullido espantoso que despertó no sólo al pastor y a su perro, sino que **dispersó** a toda la manada.

Su plan había fracasado: toda esa carne fresca y tierna se escapaba ante sus propios ojos. Por el momento no podía hacer más que una cosa: empezar a correr a todo lo que daban sus patas y alejarse lo más posible.

—Quise ser **astuto** y me fue mal. Soy un lobo y nunca podré convertirme en pastor. Tengo que resignarme.

Jean de La Fontaine
(francés)

dispersó: separó, alejó.
astuto: hábil.

El cuervo sediento

Un cuervo sediento se acercó a un **balde** que creyó lleno de agua. Al meter su pico en la **vasija**, encontró que sólo quedaba un poco y que era muy difícil beberla. Entonces, como estaba muriéndose de sed, se le ocurrió una brillante idea: con su pico, recogió muchas piedrecitas y las fue echando en el balde, hasta que el agua subió. Así, el cuervo pudo tomar agua y calmar su sed.

Poquito a poco, se llega lejos.

Esopo
(griego)

balde: cubo.
vasija: envase.

"Si te caes siete veces, levántate ocho."

Proverbio chino

Jugando a jugar

¿Quieres tú jugar al juego
de nunca, nunca acabar?

¡Vamos a jugar al sol,
  girasol!

¡Vamos a jugar al humo,
  yagrumo!

¡Juguemos al aguacero,
  limonero!

¡Vamos a jugar al mar,
  palmar!

¡Juguemos al ventarrón
  moralón!

¡Juguemos a ser la luz,
  bambú!

¡Juguemos al manantial,
  ilán ilán!

¡Vamos a jugar, jugando,
al juego de nunca acabar,
haciendo **ronda** a la isla
desde Aguadilla a San Juan!

Ester Feliciano Mendoza
(puertorriqueña)

yagrumo: árbol.
moralón: árbol.
ilán ilán: flor.
ronda: juego.

El viento travieso

Se roba sombreros
enreda vestidos.
Despeina a los árboles
que están distraídos.

Marea a las hojas
con sus volteretas
y en el aire claro
hace sus piruetas.

Juega con las nubes
a las escondidas
y cuando se cansa
les hace cosquillas. ·

Sube, baja, corre,
da vueltas carnero.
Pinta garabatos
con el humo negro.

¡Qué viento travieso!
¡Ay! ¿Quién lo diría?
Se lleva volando
toda mi poesía.

Liliana Cinetto
(argentina)

Refranes

"Después de la tormenta viene
la calma."

"Cuando el arco iris se ve, o ha
llovido o va a llover."

"Quien a buen árbol se arrima,
buena sombra le cobija."

Botánica

El campesino tomó del suelo la dura semilla y dijo:

—Aquí adentro, como si estuviera dormido, está un arbolito muy pequeño, con sus raíces, su tronco, sus ramas. Cuando se siembra la semilla, lo único que tiene que hacer el árbol es salir y crecer.

El niño permaneció silencioso unos segundos y, luego, dijo:

—Sí; lo veo. Y también veo las mariposas, y los nidos, y los pájaros, que tendrá el árbol cuando crezca.

Jairo Aníbal Niño
(colombiano)

Botánica: ciencia que estudia las plantas.

El árbol

Era un árbol sin **retoños**
que ninguna flor tenía,
y tampoco daba frutos.
Así, nadie lo quería.

—¿Y por qué nunca das frutos?
—le pregunté sin temores.
Él me dijo con tristeza:
—Nunca hay frutos, si no hay flores.

Yo le he preguntado entonces:
—¿Qué hay que hacer para tenerlas?
Y me dijo: —El cariño
es muy bueno para hacerlas.

Desde entonces, día a día,
lo he regado con ternura,
y hoy he visto con sorpresa:
¡tiene una fruta madura!

Y yo he aprendido una cosa:
"Con cariño y con amor,
cualquier árbol da una fruta
después de dar una flor".

Lily Kruse
(costarricense)
Publicado por *Ediciones Farben*

retoños: renuevos.

Cotorra de Puerto Rico

Verde y verde, cotorrita,
cotorra verde limón,
comadrita de la Sierra,
alboroto de color.
En el árbol colorado
hiciste tu mirador
y vas y vienes volando
entre las nieblas y el sol.

Verde y verde, cotorrita,
cotorra verde limón,
en el Yunque de mi Isla
forja el metal de tu voz
porque no se pierde nunca
tu verde y verde limón.

Ester Feliciano Mendoza
(puertorriqueña)

La mancha de plátano

Mata de plátano, a ti,
a ti te debo la mancha,
que ni el jabón ni la plancha quitan
de encima de mí.

Desde que jíbaro nací,
al aire llevo el tesoro
de tu racimo de oro
y tu hoja verde y ancha,
llevaré siempre la mancha
¡per secula, seculorum!

Luis Llorens Torres
(puertorriqueño)

per secula, seculorum: por los siglos
de los siglos.

Mi bandera

Hacia el mar de mi Patria
van cinco ríos:
tres de **amapolas**
y dos de **lirios**.

En el mar de mi Patria
duermen los ríos:
una estrella en silencio
niñito mío
una estrella te cuida
de sombra y frío.
Ella es quien vela y
cuida
por los caminos
todos los niños, todos
de Puerto Rico.

Casandra Rivera
(puertorriqueña)

amapolas: flores rojas.
lirios: flores blancas.

Cucubanos

Un **enjambre** de estrellas
vi volando en el cielo.
Pregunté quiénes eran:
¡Cucubanos de mi tierra!

©Josemilio González
(puertorriqueño)

enjambre: conjunto, multitud.